TRANSITION

Questions contemporaines

Chômage, exclusion, globalisation… Jamais les « questions contemporaines » n'ont été aussi nombreuses et aussi complexes à appréhender. Le pari de la collection « Questions contemporaines » est d'offrir un espace de réflexion et de débat à tous ceux, chercheurs, militants ou praticiens, qui osent penser autrement, exprimer des idées neuves et ouvrir de nouvelles pistes à la réflexion collective.

Dernières parutions

Gilbert DALGALIAN, *Un nouveau monde au forceps, Essai sur les violences du présent et les futurs à inventer*, 2025.
Michel VIEILLEFOSSE, *Climat : comprendre sans simplifier*, 2025.
Samuel MAYOL et Gérard DURAND, *République et immigration. Les défis de l'intégration en France*, 2025.
Louise FINES, *Fractures et luttes contemporaines, Essai sur l'imaginaire*, 2025.
Nicolas GAVET, *La violence à travers le temps : du glaive à la bombe*, 2025.
Jacques LANGLOIS, *Qu'est-ce que le système capitaliste néolibéral ?*, 2025.
Maxime NECHTSCHEIN, *La décroissance est-elle possible ? Entre les lois de l'Univers et le rêve politique*, 2025.
Paul-Henri TROLLÉ, *Le vain pouvoir*, 2025.
Philippe DEROUETTE, *Frugalité, la clé d'une sobriété réussie*, 2025.
Lory GARCIA, *L'isolement des personnes avec un Trouble du Spectre de l'Autisme. Entre solitude et inclusion*, 2025.
Triantafyllia KADOGLOU, *La question féminine, Chronique d'un drame culturel mondial sans fin*, 2025.
Floyd NOVAK, *Mettons fin au productivisme, Pour une transition écologique radicale*, 2025.
Jean MELEUX, *Manifeste d'un citoyen engagé. Des propositions concrètes pour sortir de l'impasse*, série « Que faire ? », 2025.

Jean-Marc Esnault

TRANSITION

Le mot qui voulait tout changer

Préface d'Abdu Gnaba

L'Harmattan

Du même auteur

Bienvenue dans la nouvelle ruralité, Editions l'Harmattan 2022

L'Homme face aux défis du monde contemporain, Editions l'Harmattan 2024

5-7, rue de l'École Polytechnique, 75005 Paris
http://www.editions-harmattan.fr
ISBN : 978-2-336-57257-4
EAN : 9782336572574

Il y a les temps courts qui filent,
les longs qui traînent,
les imparfaits nostalgiques
et les plus-que-parfait prétentieux,
les passés-composés qui se décomposent,
les présents inconditionnels,
les indicatifs incertains.
Et surtout les futurs qui te subjuguent
sans jamais se conjuguer.
Au premier temps de la valse des mots,
tu souris déjà
…

Préface

À quoi bon croire aux mots quand ils semblent vidés de leur sens, recyclés à l'infini par les discours politiques, commerciaux ou médiatiques ? Jean-Marc Esnault part de cette question brutale et claire. Refusant le cynisme, il explore ce qu'il reste du langage lorsqu'il n'éclaire plus, lorsqu'il ne relie plus. Et si retrouver un seul mot juste pouvait bouleverser notre manière d'être au monde ?

Dans un temps obsédé par la *« transition »* – écologique, numérique, sociétale –, ce livre braque ses projecteurs sur l'ambiguïté d'un terme devenu mantra universel. La question est posée sans détour : la transition est-elle un véritable projet de rupture ou une ruse linguistique pour différer l'action sous couvert de vertu ? Pour y répondre, l'auteur bouscule les évidences et brise trois silences. Il montre comment l'urgence environnementale, lorsqu'elle se fige en doctrine moralisatrice, peut créer une nouvelle communion où croire suffit parfois à dispenser d'agir. Il démonte l'illusion qui consiste à faire du libéralisme le responsable unique, et montre comment il met au contraire en lumière nos contradictions : vouloir plus d'égalité tout en refusant les renoncements personnels que cela implique. Enfin, il rappelle que tout changement réel a un prix : la transition suppose des deuils – identitaires, économiques, psychologiques – que les entreprises comme les individus refusent encore d'assumer pleinement.

Le mot qui voulait tout changer n'est ni un conte ni une fable. C'est un essai tendu et sensible qui remplace les incantations par une lucidité salutaire. Il nomme les impasses avec un style incisif et des images fortes, mais refuse de renoncer aux issues. Un livre essentiel pour tous ceux qui pressentent que *« transition »* est le mot de notre époque – pour le meilleur comme pour le pire – et qui cherchent, au-delà des termes usés, les chemins d'une transformation authentique.

Cet essai s'inscrit dans l'esprit de la collection Questions contemporaines : éclairer les enjeux complexes en refusant les évidences, pour ouvrir le débat.

Abdu Gnaba

Docteur en anthropologie,
spécialiste des imaginaires sociaux
contemporains

Directeur de collection

Avant-Propos

Le philosophe Clément Rosset rappelait que hasard et nécessité ne s'opposent pas radicalement : le hasard, disait-il, est peut-être simplement le reflet de la nécessité sur la conscience humaine. Si tel est le cas, alors l'écriture elle-même peut être comprise comme une nécessité révélée par les circonstances.

J'ai écrit ce livre parce qu'il le fallait. Non par volonté de convaincre, encore moins de me justifier. Mais parce qu'il arrive que certains moments de vie exigent un geste qui permette de survivre. L'écriture fut ce geste. Elle m'a permis de résister à une forme d'effacement professionnel, cette *« mort symbolique »* qui, dans nos sociétés, peut suffire à vous rayer de la carte sociale.

Car aujourd'hui, perdre son emploi ou être marginalisé dans son organisation n'est pas une simple péripétie : c'est une atteinte à l'identité. Le travail, qu'on le veuille ou non, est devenu notre principale boussole sociale, notre manière d'exister, de *« tenir debout »*, de répondre à la question : *« Qui suis-je ? »* Être privé de cette boussole revient à dériver, comme une âme errante. Jean Valjean dans *Les misérables*, Chris Gardner dans *A la recherche du bonheur* ou Jordan Belfort dans *Le loup de Wall-Street* (même si leurs parcours sont très différents) illustrent à leur manière cette spirale de la chute, où la perte d'un rôle social entraîne la perte de soi. Et même si ces figures viennent du cinéma, elles puisent leur force dans le réel.

Pour autant, ce livre ne se veut pas un récit de victime. Mon expérience n'est qu'un point de départ, une fissure par laquelle quelque chose s'est introduit : un questionnement plus vaste. Ce que j'ai traversé m'a amené à me confronter au mot *« transition »*, ce mot qu'on entend partout aujourd'hui, dans les discours politiques, les stratégies d'entreprise, les appels à la transformation sociale ou écologique. Que désigne-t-il vraiment ? Est-ce une rupture, une ruse, un nouveau dogme ?

Il m'a semblé que ce mot, sous ses airs inoffensifs, dissimulait une complexité bien plus grande que ce qu'on imagine. La transition, on l'évoque comme une évidence. Pourtant, elle résiste. Elle divise. Elle inquiète. Elle est invoquée comme un salut, mais rarement interrogée comme une épreuve.

L'objectif de ce livre est donc double : d'une part, donner forme et sens à une expérience personnelle de déstabilisation, celle de vouloir initier un changement et de se heurter à ses résistances ; d'autre part, élargir cette expérience au champ collectif, en questionnant la manière dont nos institutions, nos entreprises, nos territoires vivent, ou prétendent vivre, cette fameuse *« transition »*.

Il y a, dans ce mot, quelque chose de messianique. Il agit parfois comme une nouvelle religion. Bruno Latour l'a bien montré : l'écologie contemporaine tend à se muer en système de valeurs, en grammaire morale, voire en projet politique global. Comme toute doctrine, elle produit à la fois du lien et de l'exclusion, des récits fondateurs et des prescriptions normatives. On y entre en croyant, plus qu'en sachant. Comme pour *La Bible*, que l'on cite souvent davantage qu'on ne lit réellement.

Mais croire ne suffit pas à transformer. Il faut agir. Et pour agir, il faut comprendre. Non pas seulement ce que nous voulons faire, mais ce que nous sommes déjà en train de faire sans toujours nous en rendre compte. La transition, si elle a un sens, doit nous conduire à un nouvel équilibre. Or, tout changement est une fin, une fin qui vise un renouveau, possiblement une renaissance, mais il n'est de changement qui ne porte un deuil originel en son sein, et ces deux états, la vie et la mort, sont en réalité indissociables. Ils procèdent tout autant l'un que l'autre du changement. Il n'est d'évolution dans le statu quo, de progrès dans le conservatisme, de neuf dans le vieux. Cette loi est au cœur même de l'expérience humaine depuis toujours. Elle figure, y compris dans les textes au fondement de ce que certains nomment la civilisation judéo-chrétienne. Jésus n'a pu ramener à la vie Lazare que parce qu'il était mort depuis 4 jours. Moïse conduisant les hébreux hors d'Egypte, est accusé d'entraîner ses gens à leur propre perte alors qu'il œuvre en réalité pour leur liberté. Bourreau pour les uns, visionnaire et courageux pour les autres, parce qu'acceptant d'embrasser le risque et le sacrifice, l'instigateur du changement porte sur lui les stigmates moraux de celui qui a mis fin à une situation stagnante mais confortable, quand bien même son action aurait été entreprise dans la perspective d'un renouveau plus riche et porteur de sens. Certes, c'est oublier ce qu'est au fond la mécanique de la vie : une succession de morts et de renaissances ; une simple succession de morts et de renaissances !

Vouloir initier une transition, c'est souvent être perçu comme celui qui dérange l'ordre établi, celui qui vient troubler une forme de confort collectif. Le changement porte toujours, en creux, une part de destruction. Et cela dérange. Mais ce n'est pas une raison pour s'y soustraire.

Ce livre ne prétend pas dicter pour autant un chemin. Il tente, humblement, d'éclairer ce que nous traversons. De nommer les contradictions, les illusions, les impasses. De proposer quelques repères dans le brouillard.

Et puis, quand vous ne pouvez pas parler avec votre agresseur parce qu'il n'est pas en capacité de vous entendre, ou qu'il n'est en capacité de vous entendre qu'au travers son oreille d'agresseur, que vous ne voulez pas non plus déverser auprès de vos proches, parce que vous vous dites qu'ils n'ont pas à subir les circonstances, après tout ce sont les vôtres et non les leurs, et qu'ils ont déjà sans doute suffisamment leurs parts de circonstances défavorables dans la vie, sans que vous ne les encombriez avec les vôtres, il vous reste l'écrit. Il y a dans l'écriture quelque chose de thérapeutique, bien sûr, mais aussi d'éthique. Elle permet de transformer la douleur en langage, le tumulte en pensée.

Si par ailleurs ce travail peut aider d'autres à mieux comprendre les tensions de notre époque, et à ne pas se sentir seuls face à elle, alors il aura déjà rempli sa part.

CHAPITRE 1

Quand le mot « transition » promettait un monde nouveau

Il y a des mots qui brillent comme des promesses. « *Transition* » en fait partie. Il évoque le mouvement, l'avenir, la responsabilité. Mais que se passe-t-il quand ce mot devient un étendard brandi trop vite, trop haut ? Cette première étape explore l'enthousiasme initial, la croyance dans un récit capable de tout transformer, et les premières fissures dans cette croyance.

« J'ai cru que le mot suffisait »

« Quand j'ai prononcé le mot "transition" pour la première fois devant mes équipes, je pensais qu'il allait rassembler. Qu'il allait faire sens. Mais je n'avais pas mesuré à quel point ce mot, que je croyais porteur d'avenir, pouvait aussi réveiller des peurs, des rancunes, des résistances. Ce n'est pas le mot qui change le monde. C'est ce qu'il bouscule ».

Entrer dans l'époque : pourquoi repenser l'entreprise ?

L'entreprise n'a sans doute jamais été autant attendue. Attendue, parce qu'on la soupçonne d'avoir participé à la crise écologique, sociale et territoriale dans laquelle nous sommes plongés, mais aussi parce qu'on l'imagine capable d'y répondre. Elle est, dans un même mouvement, mise en accusation et sollicitée comme solution. On lui demande de créer de l'emploi, d'innover, de produire localement, de respecter l'environnement, de donner du sens au travail, de redonner vie aux territoires… Elle est sommée, en quelque sorte, de changer, mais sans toujours savoir vers quoi, et c'est précisément ce flou qui nourrit l'incompréhension, la défiance, voire le rejet. Il nous faut donc rouvrir le débat, avec méthode et honnêteté.

Le point de départ est simple : le modèle économique qui a dominé les dernières décennies, fondé sur la croissance infinie, l'optimisation des coûts, l'externalisation des contraintes et la concentration des activités, ne permet plus de répondre aux défis contemporains. Il a produit des effets massifs : dérèglement climatique, perte de biodiversité, artificialisation des sols, mais aussi fractures sociales, sentiment de déclassement, perte de sens au travail, éloignement des citoyens de leurs territoires d'appartenance. Ce ne sont pas là des impressions, ce sont des faits. Or, un modèle qui produit de telles conséquences ne peut pas, ne doit pas rester inchangé.

Faut-il pour autant abandonner l'entreprise ? Certainement pas. Mais il faut la penser autrement. Non plus comme un simple outil de production au service de la rentabilité, mais comme un acteur de transformation systémique, capable de lier économie, écologie, et société. Car l'entreprise est aussi, et peut redevenir pleinement, un espace d'innovation, d'organisation collective, de rapport au réel, un lieu où se nouent les grandes transitions de notre temps : transition énergétique, transition numérique, transition du travail, transition démocratique. À condition, toutefois, qu'on redéfinisse ce qu'on attend d'elle, et qu'on reconfigure les cadres dans lesquels elle agit.

Ce livre part donc d'une conviction : la transition ne se décrète pas. Elle s'incarne dans des choix stratégiques, des orientations concrètes, des tensions assumées. Elle implique des arbitrages, des renoncements, mais aussi des possibilités nouvelles. L'entreprise, loin d'être périphérique dans ce mouvement, est au centre. Elle n'est pas seulement un levier : elle est une scène où se rejoue aujourd'hui l'équilibre entre initiative individuelle et intérêt collectif, entre création de valeur et préservation du vivant, entre ancrage local et interdépendance mondiale. Elle est aussi un miroir : ce que nous projetons sur elle en dit long sur ce que nous attendons de la société dans son ensemble.

Il ne s'agit pas, ici, d'apporter des réponses à chacun de ces enjeux, mais de proposer un cadre d'analyse, une boussole, de déplier ces questions à travers des angles complémentaires : la place du travail, le lien au territoire, les nouveaux rapports à la consommation, les formes d'engagement individuel et collectif, la question de la liberté économique, le rôle des technologies, la gouvernance mondiale de l'environnement… Le propos se veut à la fois critique et constructif. Il vise à nommer les impasses, sans renoncer à penser des issues. Il s'adresse à celles et ceux qui croient encore qu'il est possible de faire évoluer nos structures sans renoncer à nos idéaux, et de réconcilier, enfin, des mots que trop longtemps on a opposés : économie et écologie, production et préservation, entreprise et bien commun.

Dans une période traversée par le doute, le découragement ou l'excès d'idéologie, il ne s'agit pas d'ajouter une opinion de plus. Il s'agit de poser les choses, d'examiner ce qui est en train de naître sous nos yeux, de nommer les lignes de fracture comme les lignes de force. C'est un travail d'artisan plus que de prophète. Un travail de tissage, entre des réalités souvent disjointes, des récits parfois contradictoires, mais qui, ensemble, peuvent dessiner les contours d'un nouveau contrat économique, social et écologique.

C'est à ce travail-là que ce livre souhaite contribuer.

L'écologie comme religion

Nous sommes au cœur d'une transition environnementale. Tout le monde s'accorde sur ce point ! Encore que certains pensent que nous sommes en pleine transition, tandis que d'autres estiment que nous devons encore transiter. Mais enfin, le chemin est celui-là pour tous, ou à peu près tous, qu'on l'emprunte ou qu'on ait la ferme conviction qu'il faille l'emprunter.

Qu'est-ce que cela signifie ? Sous une apparente communauté de point de vue, en certains aspects, nous pourrions presque parler de communion tant la transition est aujourd'hui partout, à la manière d'une nouvelle religion, on met, paradoxalement, tout et n'importe quoi, voire pas grand-chose. Paradoxalement, parce que la communion implique le partage. Or, si nous ne nous accordons pas réellement sur ce qu'est la transition, on est dans l'illusion du partage, mais on ne partage pas réellement. C'est même en partie ce qui explique les fractures dans la société aujourd'hui ou sur le plan politique, chacun étant convaincu qu'il faut faire évoluer les choses, mais on est en désaccord profond sur la forme que doit prendre cette évolution. Évolution ou révolution d'ailleurs ?

On peut parler de nouvelle religion à propos de la transition parce qu'en effet, elle en épouse certains traits. Après avoir été ignorée puis contestée, c'est la réfutation pendant longtemps des enjeux du réchauffement, l'écologie est devenue aujourd'hui non seulement une science qui a acquis ses lettres de noblesse, mais l'écologiste au sens militant est passé, lui-même, du statut d'hurluberlu à celui d'individu éminemment respectable. Un hurluberlu étant un écervelé agissant de manière inconsidérée, et un individu responsable étant un individu qui mesure les conséquences de ses actes et les considère dans sa façon d'agir, on voit bien qu'on a opéré, en l'espèce, un grand écart, et qu'on change du tout au tout dans le regard que nous portons sur l'écologie et singulièrement sur ceux qui s'en réclament, y compris lorsqu'ils portent un discours militant.

Cette évolution est même tellement forte que l'écologie est devenue, en quelque sorte, une doctrine largement partagée, par laquelle on prétend aujourd'hui fournir une interprétation des faits, orienter ou diriger l'action de tous, notre manière de vivre, cela à partir d'éléments d'analyse et de compréhension des équilibres entre l'Homme et la nature. Tout comme la religion oriente nos agissements en nous disant ce qu'il faut faire ou ne pas faire, l'écologie régit notre quotidien en nous disant ce qui est bien et ce qui est mal, au regard, elle, non tant de la morale, c'est vrai, que d'un certain état d'avancement de la science. Même si, ne l'ignorons pas, nous ne sommes pas non plus sans adjoindre parfois au message écologique quelques messages culpabilisants sur les fameux gestes pour sauver la planète. Ce sont tous ces discours qu'on entend sur le bien-produire, le bien-consommer, et même quelquefois sur le bien-vivre, qui nous commandent d'agir d'une certaine façon en tant que salarié, en tant que consommateur, mais aussi en tant que citoyen… Bref, en tant qu'Homme !

L'écologie, on le voit, peut donc elle-même être au cœur d'une vision moralisatrice de la vie qui tend parfois à distinguer le bien du mal en conséquence notamment de notre empreinte écologique. Cette perspective, on la retrouve également dans les travaux de Bruno Latour, sociologue et philosophe des sciences, qui a largement contribué à la pensée écologique contemporaine.

Latour, dans son ouvrage *Politiques de la nature*, propose de repenser les relations entre la société et la nature en intégrant les sciences mais aussi les valeurs morales dans la prise de décision collective. Il soutient que la distinction traditionnelle entre nature et société est obsolète et que nous devons adopter une approche plus intégrée et holistique. L'écologie, selon Latour, devient une nouvelle manière de comprendre et de gouverner nos interactions avec le monde naturel, en reconnaissant l'interdépendance de tous les acteurs, humains et non-humains.

Il y a toutefois deux différences substantielles entre la doctrine religieuse et la doctrine écologique. La première, on l'a dit, c'est que l'écologie repose tout de même d'abord sur la science, même si elle s'en éloigne parfois pour glisser sur le terrain de la morale, autrement dit, elle se fonde sur un savoir vérifié, c'est sa nature première, alors que la religion, quelle qu'elle soit, repose sur une croyance. Jamais aucun travail scientifique n'a été en mesure de démontrer l'existence de Dieu avec certitude et de manière incontestée, pas plus qu'aucun travail scientifique n'a pu en démontrer la non-existence. Ne dit-on pas d'ailleurs communément que nous sommes croyants ou non-croyants ?

La seconde différence repose sur les raisons qui nous poussent à adhérer à l'une ou l'autre de ces doctrines. On adhère à une religion, pas toujours, mais en partie et parfois aussi, parce qu'on est convaincu qu'il y a une vie après la mort et qu'il nous faudra rendre compte de ce qu'on a fait ici-bas, au moment du jugement dernier. L'écologiste, lui, peut être croyant, mais ce n'est pas là sa caractéristique principale. Il peut tout aussi bien ne pas l'être, et ce qui le conduit à agir dans le respect de sa doctrine, ce sont bien souvent les conséquences d'une atteinte à l'environnement dont il ne sera pas lui-même victime, hormis s'il est collapsologue et qu'il pense que l'effondrement est pour demain (mais ce n'est pas le cas de la majorité de la population aujourd'hui qui est sensible à la doctrine écologique).

En ce sens, on pourrait même presque considérer que l'écologiste est plus moral que le catholique, puisqu'il agit moins par intérêt personnel que pour sauver la planète, autrement dit, il agit pour la préservation de la vie sur Terre après sa mort, et non pour gagner sa vie dans l'au-delà, si tant est bien sûr qu'il y ait un au-delà.

Ceci exposé, il n'en reste pas moins que nous pouvons encore relever quelques autres points communs entre religion et écologie, et parmi ceux-là, il y a cette convergence, ou cette communion, pour ce qui est de la religion, autour d'un savoir relatif, savoir au sens de connaissance. La communion, c'est l'union de plusieurs personnes dans la même foi, autrement dit dans la même croyance. Dans la religion catholique, cette communion s'exprime symboliquement dans cette partie de la messe où les fidèles reçoivent avec l'hostie le corps du Christ. Les fidèles croient plus ou moins, selon l'importance de leur foi, mais aussi selon la croyance relative de chacun au regard de la connaissance qu'il peut avoir des épisodes de la vie de Jésus relatés dans *La Bible*. Parmi les fidèles, certains lisent *La Bible,* et croient en connaissance de cause, d'autres croient en surface, à la mesure de leur savoir. Et de ce point de vue, si *La Bible* est souvent présentée comme le livre le plus lu au monde (5 milliards d'exemplaires vendus) il y a un amalgame un peu rapide entre livres vendus et livres lus. On peut acheter un livre sans nécessairement le lire dans son entier. Il y a deux raisons principales à cela. La première, c'est que certains ouvrages sont tellement peu chers qu'on se laisse tenter facilement, ce qui est le cas de *La Bible*, dont on trouve certains exemplaires en vente à deux euros aujourd'hui. Ensuite, il y a des textes qui sont des références, auxquels on se reporte régulièrement, mais qui ne constituent pas des ouvrages qu'on lit du début à la fin. C'est le cas des dictionnaires, historiquement des encyclopédies, mais aussi de *La Bible* pour les catholiques. Enfin, n'oublions pas que *La Bible* est imprimée depuis des centaines d'années, et que nombre de ces 5 milliards de lecteurs ne sont plus de ce monde. Notre planète compte environ 7 milliards d'habitants. Or, il va sans dire que *La Bible* n'a pas été lue par 80 % de la population mondiale, soit 5 milliards de ces 7 milliards d'individus.

La communion, ou plus justement la convergence qui s'opère autour de la doctrine écologique, repose aussi sur une connaissance toute relative. On y adhère avec force conviction, mais on la connaît parfois à peine ou de manière souvent parcellaire. On ne maîtrise que très peu les grands enjeux liés à la biodiversité, à la préservation des sols ou au réchauffement climatique (qui relèvent de l'expertise) et l'on est à peine plus sûr des bons gestes à accomplir au quotidien pour préserver l'environnement. Dois-je préférer le local au bio ? Faut-il privilégier ou non les constructions en bois plutôt qu'en béton, avec notamment la crainte de prélever dans la ressource forestière d'un côté, et les émissions de gaz à effet de serre liées à l'utilisation du béton de l'autre ? Près de six Français sur dix estiment ainsi que le niveau de culture écologique n'est pas à la hauteur des enjeux.

Et puis, enfin, autre point commun : religion et écologie se rejoignent dans cette idée qu'il y a une force supérieure à l'Homme, dominatrice en quelque sorte, qui s'impose à nous : Dieu pour les croyants, en tant que puissance organisatrice de l'univers dans lequel nous vivons, et la nature pour les écologistes, l'Homme s'étant longtemps considéré, et se considérant encore fréquemment, comme extérieur à la nature. Pour la religion, c'est une conviction qui a plutôt perdu en audience ces dernières décennies, alors qu'en ce qui concerne l'écologie, c'est une conviction nouvelle que l'Homme doive, si ce n'est se soumettre aux équilibres naturels, du moins en tenir compte.

Cette sacralisation de l'écologie donne un cadre moral, mais elle ne dit rien de l'action.

Car croire ne suffit pas. Encore faut-il agir. Et c'est là que surgit une autre question : la transition est-elle une affaire de vertu ou une posture commode ?

La transition : une affaire de vertu ?

La conséquence de cette méconnaissance des savoirs issus de l'écologie, c'est que nos actes ne sont pas toujours à la hauteur de nos convictions.

Nos convictions peuvent être portées par une éthique forte, sauver le monde, alors que nos comportements reposent, eux, sur des connaissances fragmentaires. Or, si nous sommes convaincus de ce que nous ne connaissons qu'approximativement, comment pourrions-nous agir efficacement, en cohérence avec nos propres principes ? Cela vaut pour la transition environnementale, mais aussi, de plus en plus, pour une transition sociétale dont on parle désormais presque autant. Or, cette dernière est enveloppée dans une nébuleuse conceptuelle. Elle n'est ni science, ni doctrine. Elle ne dispose pas d'un corpus de textes fondateurs, ni de règles claires pour orienter l'action. La sociologie l'effleure, mais on ne peut parler ici de théorie aboutie, ni de lois scientifiques admises par tous. Ce que nous en comprenons relève plutôt d'un idéal flou : il faudrait *«mieux nous comporter»*. Mais qu'est-ce que cela signifie ? Cette injonction se décline de manière ambiguë : être plus altruiste, partager le pouvoir et la richesse, et, dans le même temps, penser davantage à soi, en privilégiant *« l'être »* sur *« l'avoir »*. Cette dernière idée s'incarne notamment dans les discours sur le développement personnel, qui incitent chacun à se recentrer sur l'essentiel.

En somme, la transition environnementale et sociétale vise à faire en sorte que les êtres humains vivent en harmonie avec eux-mêmes, entre eux, et avec leur environnement. Elle ambitionne de nous rendre plus heureux, individuellement et collectivement, chacun devant contribuer à ce projet. L'idée est admirable, mais une question demeure : peut-on réellement trouver son bonheur dans celui des autres ? Il est évident que le bonheur de mes enfants contribue au mien. Mais plus je m'éloigne de ma sphère intime, plus le bonheur d'autrui me devient abstrait, voire indifférent. Pis, il peut arriver qu'on se console du malheur d'autrui, en vertu du fait que bonheur et malheur sont des notions relatives. Il n'existe pas de bonheur ou de malheur absolu, pas d'échelle de mesure universelle. Ce sont des ressentis. C'est pourquoi les enquêtes sur le bonheur reposent d'ailleurs toujours sur des déclarations subjectives. Prenons un exemple simple : deux personnes vivant dans des conditions similaires, même maison, même salaire, même vie familiale, peuvent se déclarer l'une très heureuse, l'autre non. Ce décalage s'explique souvent par le rapport entre leur situation actuelle et leur histoire personnelle. Un individu gagnant 10 000 euros par mois peut se sentir malheureux s'il en gagnait 20 000 auparavant.

À l'inverse, quelqu'un qui gagnait le SMIC et atteint désormais ce même niveau de revenu de 10 000 euros peut se sentir extrêmement heureux. Notre ressenti du bonheur dépend donc aussi de notre comparaison aux autres. C'est le célèbre adage : *« Quand je me regarde, je me désole. Quand je me compare, je me console. »* En ce sens, le malheur d'autrui peut conforter mon propre bonheur, et le bonheur généralisé des autres peut, à l'inverse, sembler neutraliser le mien.

Une société où chacun gagnerait le même revenu, aurait le même pouvoir, incarnerait certes l'idéal égalitaire de la transition sociétale, mais se sentir dans la moyenne n'a jamais suffi à nourrir un sentiment de bonheur personnel. Cette observation trouve aussi écho chez Thomas Hobbes. Dans *Le Léviathan*, celui-ci soutient que l'être humain, par nature, est animé par la compétition, la défiance et la quête de gloire. Il écrit au chapitre XIII : *« Il y a trois causes principales de conflit entre les hommes dans l'état de nature : premièrement, la compétition ; deuxièmement, la défiance ; troisièmement, la gloire. »* L'individu recherche son bonheur dans le dépassement des autres, pour le profit, la sécurité ou la reconnaissance. Autrement dit, le bonheur, pour la majorité d'entre nous, naît d'une comparaison : entre ce que j'étais et ce que je suis ; entre ce que je suis et ce que sont les autres. Et si l'on y regarde bien, le désir de transition ne porte rien d'autre en germe : il est souvent l'expression du désir d'accéder à ce que d'autres possèdent : pouvoir, argent, statut. On ne voit que rarement des individus riches ou puissants réclamer qu'on leur en enlève au nom d'une transition censée les rendre plus heureux, parce qu'ils auraient moins.

Sous couvert de valeurs morales, l'appel à l'égalité cache donc souvent une jalousie envers ce que nous ne possédons pas. Et l'on habille ainsi de vertu des sentiments qui ne le sont pas nécessairement.

Le faux consensus autour de la transition

Quand on veut porter un éclairage sur un fait social, il y a deux méthodes assez répandues. L'une consiste à observer et à repérer les manifestations ou symptômes de ce fait social, dont on peut penser qu'ils contribuent à sa meilleure compréhension. L'autre méthode consiste, non plus à observer ce qu'est le fait social dans ses manifestations, mais à en comprendre les fondements, son origine. Dès lors qu'on parle de transition, on voit bien qu'il est préférable de prendre les choses par le bas plutôt que par le haut : par ce qui fonde la transition, ce à partir de quoi elle devrait se développer, plutôt que par son expression, ce par quoi elle se manifeste, tant la transition s'exprime de différentes manières aujourd'hui, selon celui qui la porte, selon comment il la voit. Il manque en l'espèce cruellement de cadre de référence, et la transition environnementale et sociétale embrasse une multitude de sujets tellement complexes que le consensus ne saurait se substituer à ce cadre de référence, l'informel ne pouvant remplacer le formel quand l'évidence ne s'impose pas d'elle-même. Plus un sujet est complexe et multiforme, plus il convient de le circonscrire pour pouvoir l'appréhender.

Et pourtant, malgré ce flou qui subsiste, on l'observe, la transition, au sens environnemental et sociétal, est une expression couramment utilisée aujourd'hui, plus qu'elle ne l'a même jamais été. Et ce n'est pas parce qu'on ne sait pas précisément ce qu'elle recouvre qu'on s'empêche de s'y référer. Bien au contraire, l'imprécision qui gravite autour du mot *«transition»* est même pratique, car on ne craint pas d'être rappelé à l'ordre, autrement dit, de se voir reprocher son usage impropre.

Si la notion de transition se caractérise par un certain flou, elle n'est pas pour autant nouvelle. Elle a trouvé son terrain d'application il y a de nombreuses années, notamment en démographie, pour décrire le passage d'un régime traditionnel, caractérisé par des taux de natalité et de mortalité élevés, à un régime dit moderne, où natalité et mortalité sont faibles et s'équilibrent. La transition, c'est le premier enseignement de ce regard historique sur le mot, désigne donc le passage d'un état à un autre. En démographie : d'un régime traditionnel à un régime moderne. En écologie : d'un certain état du rapport qu'entretient l'Homme à son environnement, à un autre état de ce rapport. Quand on a identifié cela, on ne sait pas encore complètement de quoi on parle quand on se réfère à la transition, mais on sait déjà un peu mieux de quoi il s'agit.

Et en effet, l'étymologie du mot nous conforte dans cette première approche : *« transiter »* vient du latin *transire* qui signifie passer d'un lieu à un autre, d'un parti à un autre, d'un sentiment ou d'un sujet à un autre, passer d'un état à un autre, aller au-delà.

Cette notion de transition, on parle quand même surtout de transition environnementale initialement, est apparue ces dernières années dans le langage courant en remplacement de celle de développement durable. Avec le développement durable, la finalité était claire : il s'agissait de poursuivre notre développement. Et derrière le mot *« développement »*, tout le monde comprenait développement économique. Ce développement pouvait être porté par le progrès scientifique et technique, avoir des impacts écologiques réduits, mais chacun comprenait que le développement durable recouvrait la continuité de la croissance économique. Avec cette difficulté, évidemment, qu'on ne place pas tous la durabilité au même endroit.

Avec le mot *« transition »*, on ne dit plus s'il faut poursuivre la croissance économique ou non. Ce flou est commode : on évite de trancher entre ceux qui pensent qu'il ne peut y avoir de durabilité sans décroissance, autrement dit, qui rejettent l'idée qu'on puisse concilier augmentation des richesses produites et préservation de l'environnement, et ceux qui pensent que la croissance est toujours possible. Une autre croissance, ou une croissance autrement, mais une croissance quand même. Une autre croissance, c'est pour certains celle qui développerait les productions dans des secteurs qui ne détruisent pas la vie : par exemple, les énergies renouvelables en lieu et place des énergies fossiles, ou encore les transports collectifs et les véhicules électriques plutôt que les véhicules thermiques. C'est cette position qu'on retrouve chez Jacques Attali, qui parle d'économie de la vie, par opposition à l'économie de la mort. Une croissance autrement, c'est pour d'autres une croissance reposant sur des modes de production, portés par le progrès technique et scientifique, permettant de produire sans porter atteinte à la vie sur Terre, mais sans pour autant remettre en cause la nature même des productions.

Reconnaissons toutefois, ici, que ce qui est commode n'est pas toujours efficace. Ne pas trancher sur ce qu'est ou sur ce que devrait être la transition permet certes de mettre (à peu près) tout le monde d'accord, ou du moins d'éviter le désaccord. Pour autant les désaccords demeurent et les masquer ne les annule pas. Chacun peut donc vouloir, et même tenter, d'avancer dans la direction qui lui semble juste, sans se sentir contesté. Mais si chacun ne va pas dans la même direction, le résultat n'est pas au rendez-vous. Ou plutôt, chaque action produisant un résultat différent, la multitude des résultats individuels ne constitue pas un tout homogène. Il faut une unité de pensée pour qu'il y ait une unité d'action, elle-même condition d'une unité de résultat. Ce triptyque est indispensable à l'efficacité. Or, aujourd'hui, force est de constater que nous n'y sommes pas.

Le tableau de bord de la stratégie nationale de transition écologique vers un développement durable en témoigne. On est moins mauvais, on progresse légèrement, les atteintes sont moins élevées aujourd'hui qu'hier... mais que faut-il réellement lire dans ces indicateurs qui passent du rouge à l'orange ? Sommes-nous au rendez-vous, oui ou non ? Qui l'est, et qui ne l'est pas ? Quels efforts doivent encore être accomplis, et par qui ?

Le 27 novembre 2023, le ministre de la Transition écologique déclarait, lors de la présentation du plan stratégique pour la préservation de la biodiversité à horizon 2030 : *« Il s'agit de la stratégie française pour la biodiversité la plus ambitieuse à ce jour »*, ajoutant aussitôt : *« elle pourrait l'être encore davantage »*. Pourquoi ce conditionnel ? Que signifie-t-il ?

C'est indéniable : d'une certaine façon, nous avançons. Mais avançons-nous dans la bonne direction ? Suffisamment vite ? Ou ne tournons-nous pas en rond, parfois ? Tourner en rond, c'est avancer... mais pour se retrouver à son point de départ.

Dans cette cacophonie, cette incertitude, il y a néanmoins une certitude, ou à tous le moins un point de convergence, il se cristallise dans le rejet du libéralisme, ce système économique, devenu un coupable tout désigné, et qui serait donc à l'origine de tous nos maux.

Le libéralisme, bouc émissaire facile ?

On associe souvent la transition sociétale à la transition environnementale, comme si l'une était l'autre, comme si l'une se confondait à l'autre, comme si nous parlions de la même chose ou que les deux étaient forcément liées. Il s'agit, pourtant là, de deux idées bien différentes.

La transition environnementale, c'est la prise en compte dans l'évolution de la société des enjeux écologiques pour la préservation de la biodiversité et pour la limitation du réchauffement climatique. La transition sociétale, si tant est qu'on puisse la définir, renvoie, elle, on peut le résumer ainsi, à une meilleure répartition des richesses et des pouvoirs au sein de la société. D'un côté, il est question de sciences à travers l'écologie, l'agronomie... De l'autre d'organisation de la société à travers l'économie et la politique. Or, s'il est évident que la manière dont s'organise l'économie (la production, la consommation, la répartition des richesses) a un impact sur la biodiversité et que de la même façon, l'organisation de l'économie a un impact sur le réchauffement climatique, il est plus contestable de considérer que dans une société plus égalitaire, nous préserverions forcément mieux notre environnement. Est-ce que si nous produisons la même chose, en même quantité, sous une direction plus collégiale, collaborative, citoyenne, participative, les atteintes à l'environnement seraient moins grandes ? Non. C'est bien ce que nous produisons, les modes de production et la quantité produite qu'il faut réinterroger, si nous voulons limiter notre empreinte environnementale. Préjuger ou acter le contraire, c'est émettre une opinion portée par des valeurs, celles de l'égalité entre tous, et c'est confondre des convictions politiques, la morale, avec une approche qui au contraire devrait être objectivée au nom du seul sujet qui vaille, celui de l'efficacité.

Pourquoi cette association alors ? On voit bien qu'il y a en filigrane cette idée en germe chez beaucoup des tenants de ce discours que le libéralisme ou le marché a conduit à exacerber la compétition, et donc la concurrence, à l'intérieur de nos frontières et au-delà même de nos frontières, que ce modèle libéral, dans l'esprit de ceux qui veulent impérativement associer les deux transitions, la transition environnementale et la transition sociétale, porte atteinte à l'environnement par épuisement des ressources planétaires... Il faut donc, pour ceux-là, y mettre fin.

L'idée est assez largement répandue et, à l'image de la transition environnementale qui réconcilie les partisans d'une croissance verte avec les partisans de la décroissance, la transition sociétale réconcilie, elle, ceux qui préféreraient gagner plus et que leur patron et les élites gagnent un peu moins, ceux qui ne veulent plus répondre à une autorité hiérarchique qui serait trop forte, ceux qui souhaiteraient pouvoir décider sur leur lieu de travail à la place de leur supérieur, ceux qui voudraient légiférer à la place de leur maire, de leur préfet, de l'État…, et ils sont nombreux ! Tout le monde ou presque voudrait se sentir plus libre, être soumis à une contrainte moins forte du pouvoir, que ce pouvoir soit politique ou économique. Qui même pourrait oser dire qu'il veut moins d'égalité, moins de collaboratif…, c'est devenu presque impossible aujourd'hui ! Et il n'y a rien de mauvais ou d'a priori contestable à vouloir promouvoir l'égalité entre tous bien entendu ! Mais posons le sujet en termes justes : le partage des pouvoirs et des richesses relève bien d'un projet politique. L'écologie relève d'une nécessité vitale. Dit autrement, la transition sociétale relève d'un choix tandis que la transition écologique s'impose à nous. Et le problème c'est que, possiblement, en associant les deux, on sacrifie l'efficacité sur l'autel des valeurs, en confondant les moyens avec la fin. Parce qu'en effet rien, strictement rien, ne garantit qu'une plus juste répartition des richesses et du pouvoir conduise à des atteintes moins fortes à l'environnement.

De la même manière, on se trompe possiblement de cible en visant le libéralisme, notamment si la fin du libéralisme est justifiée par les atteintes à l'environnement. Est-ce que même l'économie de marché conduit véritablement à une concentration des richesses et du pouvoir entre les mains de quelques-uns et au détriment de quelques autres ? Rien n'est moins sûr ! Certes, 10% des habitants de notre planète possèdent 83% de la richesse mondiale. Selon OXFAM, 1% de la population possède 50% de cette richesse. Les pays du nord, 16% de la population mondiale, produisent 70% des richesses dans le monde. Les pays du sud, 84% de la population, produisent 30% des richesses. Mais la faute est-elle bien à mettre sur le compte du libéralisme ou plus justement, ne s'agit-il pas des conséquences d'une certaine forme de dérive du libéralisme ? Le libéralisme dans ses fondements est un modèle qui s'articule autour des valeurs de liberté et de solidarité, valeurs qui a priori, où qu'elles s'appliquent par ailleurs, ne sont pas contestées habituellement. Il s'agit bel et bien, en effet, dans une économie libérale de promouvoir la liberté de faire, d'entreprendre, et de surcroît pas n'importe comment, pas sans contraintes, la première de celles-ci étant de ne pas porter préjudice ou atteinte à autrui. Quant à la solidarité, elle s'exprime, au sein de ce même système, par un mécanisme qui permet de faire se rejoindre les intérêts individuels au bénéfice du collectif. Qui pourrait s'en plaindre ? Il y a d'un côté les entreprises qui ont pour objectif de produire et de vendre un maximum, donc pour cela de produire à un prix et une qualité qui soient les plus concurrentiels possibles, et de l'autre, des consommateurs dont l'intérêt est de pouvoir acheter des produits et des services à des prix les moins élevés possibles et de la meilleure qualité possible, se créée ainsi une solidarité de fait entre les acteurs qui, agissant en poursuivant leurs intérêts individuels, œuvrent involontairement pour un intérêt plus collectif. C'est à peu de chose près le même mécanisme que celui qui nous conduit à payer une mutuelle. Il s'agit pour chacun d'entre nous de nous protéger en cas de coup dur, et reconnaissons que s'il s'agissait de payer des cotisations non pas pour nous protéger, mais pour protéger les autres, les mutuelles auraient moins d'adhérents. Pour autant, là aussi, en voulant se protéger soi, on protège les autres.

Alors bien sûr, on pourrait porter une ambition plus grande et juger que les individus pourraient dans un nouvel ordre et équilibre économique mondial être moins intéressés personnellement, autrement dit qu'ils pourraient faire passer l'intérêt collectif, l'intérêt d'autrui, avant leur propre intérêt. Ce serait sans doute formidable, convenons-en, mais est-il bien réaliste d'imaginer que les riches puissent donner une partie de leur richesse spontanément pour qu'il y ait davantage d'égalité de rémunération entre tous ? Est-il bien réaliste d'imaginer que ceux qui ont du pouvoir aujourd'hui puissent redistribuer une partie de celui-ci spontanément demain ? Ce serait compter sur le penchant naturel à la générosité des Hommes. Je donne mon pouvoir et mes richesses pour autrui, sans me soucier d'un quelconque bénéfice pour moi, sans retour ou contrepartie. Je doute qu'on réussisse à emmener qui que ce soit sur ce chemin, ou sinon de manière marginale. C'est bien sur ce ressort que repose notamment une partie des œuvres sociales et humanitaires, mais les dons, le mécénat ne sont qu'accessoires à notre organisation économique. Certes, ils représentent environ 8 ou 9 milliards chaque année, mais 8 ou 9 milliards, qu'est-ce que c'est au regard des près de 3 000 milliards d'euros du PIB français ? Il serait indécent de parler de goutte d'eau, mais nous sommes loin de pouvoir faire vivre notre société sur le seul fondement de la générosité.

Quelle solution alors ? Contraindre les plus riches à donner aux plus pauvres ? Obliger ceux qui ont le pouvoir à le redistribuer ? Ce serait porter atteinte au principe de liberté. Dans son ouvrage *Du Contrat Social*, Rousseau souligne l'importance de la liberté et de l'égalité comme fondements d'une société juste et équilibrée : *« Si l'on recherche en quoi consiste précisément le plus grand bien de tous, qui doit être la fin de tout système de législation, on trouvera qu'il se réduit à ces deux objets principaux, la liberté et l'égalité ».* Convenons que liberté, égalité, mais aussi solidarité, sont en effet des valeurs aussi essentielles les unes que les autres, et il ne faut sans doute pas tenter de substituer deux de ces valeurs par la troisième en considérant que cette dernière est meilleure ou plus importante que les autres. Il conviendrait plutôt, dans une logique de transition réaliste, de chercher à s'intéresser à la manière dont chacune d'entre elles se décline et est encadrée ou préservée.

Accuser le libéralisme, c'est même parfois éviter de regarder nos propres contradictions. Et au-delà des systèmes économiques, c'est le vivant lui-même qui vacille face à cette absence de lucidité.

Un équilibre à retrouver : le vivant fragilisé

Transiter, oui, mais pourquoi spécialement aujourd'hui ? Tout simplement, pardi, parce que nous sommes en situation de déséquilibre. On l'a dit, transiter consiste à passer d'une situation d'équilibre à une autre situation d'équilibre. Quand l'équilibre initial ne tient plus, et de toute évidence, il ne tient plus aujourd'hui, il nous faut trouver un nouvel équilibre. Autrement dit, nous n'avons pas le choix. Ou si nous avons un choix, il consiste à choisir entre vivre ou nous laisser mourir. Parce qu'en effet, si nous ne changeons rien, c'est bien à ce destin funeste qu'on s'expose !

En physique, être en équilibre permet de ne pas tomber grâce à la compensation de forces contraires. Un enfant en bas âge, jusqu'à ce qu'il trouve son équilibre pour marcher tombe régulièrement, parfois il peut se faire un peu mal, mais c'est très généralement sans conséquence, ces chutes faisant partie de l'apprentissage normal de la marche. Ramener au monde dans lequel nous vivons, l'équilibre biologique et non physique cette fois-ci, c'est l'harmonie qui permet à chaque espèce de se développer sans nuire aux autres espèces, à l'intérieur de ce qu'on appelle un écosystème. Cet équilibre existe naturellement, à l'état de « *nature sauvage* », pourrions-nous dire. Il repose à la fois sur les interrelations et interdépendances que les Êtres vivants entretiennent entre eux et à la fois sur des éléments régulateurs qui permettent de lutter contre de potentiels déséquilibres. S'exercent là aussi, d'une certaine manière, des forces contraires. Ce sont, par exemple, celles que nous observons de manière évidente dans l'étude de la chaîne alimentaire qui font que chaque espèce a un impact sur son environnement en étant à la fois proie et prédatrice.

Les atteintes aux équilibres, lorsqu'elles ne sont pas trop fréquentes, peuvent être sans grandes conséquences, mais si elles sont répétées, importantes, certaines espèces peuvent disparaître ou se retrouver en situation de dépendance. C'est le cas quand on est amené à créer des zones naturelles protégées ou lorsqu'on détermine qu'il y a des espèces animales menacées qu'il faut préserver. L'enfant, pour reprendre notre exemple (jusqu'à ce qu'il sache marcher) est, lui-même, en situation de dépendance, mais c'est une dépendance naturelle, normale, liée à l'âge de la vie et c'est une dépendance prise en charge par ses géniteurs qui vont le porter, le nourrir…, autrement dit le protéger. L'adulte victime d'un accident et le pied dans le plâtre se retrouve de la même manière en situation de dépendance. C'est une dépendance relative là aussi qu'il va surmonter en se procurant des béquilles. On va lui tenir la porte à l'entrée du magasin, il pourra commander un taxi pour se déplacer... et au final, parce qu'il est doué de raison et qu'il sait s'organiser mieux que n'importe quel autre Être vivant, l'Homme surmonte sans trop de difficulté cette dépendance relative. Pour autant, le même individu placé en milieu hostile, au coeur de je ne sais quelle jungle, sans l'aide de ses semblables, ou encore l'animal blessé et abandonné, dans l'incapacité l'un ou l'autre de se déplacer, verra ses chances de survie fortement diminuées.

Ce qu'il faut en conclure de manière un peu évidente, c'est que toute atteinte aux écosystèmes créée un ou des déséquilibres, que le ou les déséquilibres nous mettent en situation de fragilité plus ou moins grande, et ce n'est pas une caractéristique propre aux écosystèmes, mais qui vaut plus largement pour tous les Êtres vivants. Or, la fragilité est par définition ce qui se brise facilement. Appliquée au monde du vivant, cette fragilité de la vie causée par des déséquilibres peut, dans ses conséquences ultimes, les plus terribles, conduire à la mort, et c'est en cela qu'il nous faut donc bien aujourd'hui entreprendre une transition : pour ne pas mourir. La transition doit, autrement dit, s'imposer aujourd'hui, non comme un idéal abstrait, mais comme une nécessité vitale. Le déséquilibre est là. Tangible. Irréfutable. Et pour le corriger, il faut quitter ce que nous avons été, ce que nous avons fait, ce que nous voulons ou pouvons encore préserver.

Rupture ou évolution ?

Il faut qu'il y ait un point de départ pour qu'il y ait un point d'arrivée. Cela suppose deux choses : qu'on ne peut pas ignorer le passé et que, si l'on veut s'en détacher, il faut déjà commencer par le considérer. Y compris quand je veux m'éloigner d'un modèle, il faut que je sache ce qu'il est pour ne pas le reproduire, comment il se manifeste, qu'est-ce qui en est à l'origine ? Et puis, faut-il d'ailleurs s'en éloigner totalement ? C'est considérer que tout était mauvais avant, sans exception. C'est possible, mais il est plus probable que tout ce qui s'est passé avant ne soit pas à jeter, et par voie de conséquence, la première étape pour réussir la transition, devrait même consister au contraire à s'intéresser au passé, à l'examiner dans ses moindres détails, avec le plus de justesse possible. C'est l'étape de l'état des lieux qui précède le diagnostic.

Un état des lieux permet d'observer là où nous en sommes, il fait référence au présent, et c'est sans doute, ici, l'un des exercices les plus compliqués qui puissent exister parce qu'apparemment le plus évident. Chacun croit savoir où il est, précisément parce qu'il y est. Le présent, c'est ici, c'est maintenant. Mais ici, c'est où ? Et maintenant, c'est quand ? C'est comme vouloir se situer dans une ville inconnue sans nom de rue, ou se repérer dans le temps, sans un calendrier ou une horloge, on est vite perdu. Le présent est difficilement saisissable, et il l'est d'autant plus que vous êtes un élément constitutif de ce présent, et que, pour regarder le présent il faut se regarder soi-même. Au quotidien, lorsque nous voulons physiquement regarder à quoi nous ressemblons, il y a le miroir, mais même le miroir ne nous renvoie pas une image exacte de nous-mêmes. Il nous renvoie une image plane, et, quand nous nous regardons dans un miroir, nous ne nous voyons que de face, oubliant la moitié de notre enveloppe corporelle, celle qu'on voit de dos. Il est par ailleurs une évidence que l'image que nous posons sur nous n'est pas une image partagée par tous. Nous nous trouvons plus grand ou plus petit qu'on ne vous voit, plus gros ou moins gros, plus beau ou moins beau… Et parmi les *« on »*, il y aura encore des avis divergents. Certains nous trouveront très beau, plus beau que nous ne nous voyons nous-mêmes et d'autres, moins que nous ne le pensons. Dans le même ordre d'idées, poser un état des lieux sur une société en transition ou même sur une entreprise en transition est chose compliquée. Et c'est pour cette raison qu'on a défini des critères d'évaluation et posé des normes qui jouent ce rôle de miroir. Ce sont par exemple les normes environnementales ISO, c'est par exemple le bilan carbone. Il s'agit d'outils indispensables qui fournissent des points de repère. Sans ces indicateurs, difficile de savoir où on en est à un instant donné et donc d'envisager une évolution ou de se fixer un objectif à atteindre. Gardons toutefois à l'esprit qu'à la manière d'un miroir, aucun de ces critères, aucune de ces normes ou aucun de ces bilans, ne permettra de faire un état des lieux exhaustif de l'impact environnemental d'une entreprise, ce qui ne remet pas en cause bien entendu leur intérêt. Il y a tout simplement ce qui est visible ou rendu visible et ce qui ne l'est pas, et plus les indicateurs sont précis, bien entendu, plus l'invisible est limité.

Pour se fixer un objectif en matière de transition, mais cela vaut pour tout objectif en général, il faut donc connaître le présent, ou tenter d'en avoir une connaissance la plus fine possible, mais il faut donc connaître aussi l'histoire, et cela pour deux raisons. Regarder le passé avec pour point d'observation le présent nous dit d'abord les dynamiques. Or, quand on analyse les forces ou les faiblesses d'une entreprise, il faut être en mesure de regarder la capacité de cette entreprise à se mettre en mouvement pour projeter l'articulation réaliste et raisonnée de ses forces et de ses faiblesses afin d'atteindre les objectifs fixés. Une force qui n'est pas en mouvement n'est pas une force, mais une potentielle force. Une faiblesse qui ne s'exprime pas n'est pas une faiblesse, mais une potentielle faiblesse. La seconde raison, c'est qu'il faut savoir tirer des enseignements de ce qui a bien ou mal fonctionné dans le passé. L'histoire n'est pas un simple décor derrière nous, elle est une source d'enseignement. Regarder en arrière permet de comprendre ce qui a fonctionné ou échoué, de tirer des leçons. C'est ce qu'on appelle l'expérience, qui nous protège des répétitions aveugles. Car si la vie est parfois un éternel recommencement, c'est bien parce que les mêmes causes produisent les mêmes effets.

Ce qu'il faut garder en tête

La transition, ce mot que l'on croyait porteur d'avenir, se révèle bien plus ambigu qu'il n'y paraît. Il promettait un monde nouveau, mais il dissimule souvent des contradictions, des flous, des attentes irréalistes. L'entreprise, à la fois accusée et espérée, se retrouve au cœur de cette tension : on lui demande de réparer ce qu'elle a contribué à abîmer, sans toujours lui donner les moyens de le faire autrement. L'écologie, devenue parfois une nouvelle religion, impose ses dogmes sans toujours éclairer ses fondements. Et la transition sociétale, plus floue encore, se pare de vertu sans toujours savoir ce qu'elle veut vraiment transformer. Derrière le consensus apparent, les désaccords sont profonds, les intentions parfois dissimulées. Le libéralisme, souvent désigné comme coupable, n'est peut-être pas le problème, mais le miroir de nos contradictions. Et si la transition est nécessaire, ce n'est pas pour faire joli dans les discours : c'est parce que le vivant est fragilisé, parce que l'équilibre est rompu, et qu'il nous faut, coûte que coûte, en retrouver un autre. Non pas pour rêver un monde meilleur, mais pour éviter qu'il ne s'effondre.

CHAPITRE 2

Quand le mot se heurte au réel

Toute transition rencontre un mur : celui des habitudes, des peurs, des intérêts. Ce moment de la traversée est celui du choc. Le mot ne suffit plus. Il devient suspect. Il divise. Ce chapitre explore les premières résistances, souvent silencieuses, parfois brutales, qui transforment l'élan en épreuve.

« Le jour où j'ai compris que l'écoute ne suffisait pas »

« J'ai proposé un dialogue. J'ai répondu aux inquiétudes. J'ai écrit, plusieurs fois. Mais rien n'y a fait. Ce jour-là, j'ai compris que dans certaines situations, ce n'est pas l'absence d'écoute qui fait problème. C'est la présence d'un soupçon. Et contre le soupçon, les mots sont souvent impuissants ».

Finitude et accélération, au cœur du problème

La difficulté à laquelle nous sommes confrontés, c'est que depuis toujours ou presque l'Homme est à la fois auteur et victime des atteintes aux écosystèmes, notamment parce qu'il artificialise et qu'en artificialisant, il crée des perturbations aux équilibres naturels, autrement dit, il les fragilise. Depuis toujours, c'est-à-dire depuis le Néolithique, période de la préhistoire où il s'est sédentarisé. Il n'a d'ailleurs pas vraiment eu le choix. Le seul choix qu'il aurait pu avoir à cette époque, si tant est qu'on puisse envisager cette idée, c'est le choix entre nomadisme et sédentarité, parce qu'en effet, s'il ne va pas chercher la nourriture là où elle se trouve, il faut bien qu'il la produise là où il est. Autrement dit, si l'Homme ne cueille plus et ne chasse plus à partir du néolithique, il n'a en vérité d'autres solutions que de cultiver et d'élever. Sauf que toutes les terres ne sont pas bonnes à être cultivées, et qu'il a dû pour cette raison transformer des terres non cultivées en terres cultivables, y compris en brûlant parfois des zones forestières. Sur ces terres arables, il a planté des céréales qui relevaient jusqu'alors de végétations spontanées, et il a, de la même manière, parqué des animaux sauvages pour en faire des animaux d'élevage. Il en a contrôlé la reproduction pour conserver ceux qui étaient les plus dociles et surtout ceux qui lui apportaient le plus de viande, ne pratiquant rien moins que ce que l'on nomme aujourd'hui la sélection génétique. Ce qui va donner lieu sur Terre à la disparition d'espèces au profit d'autres espèces. Le moufton va disparaître au profit du mouton, l'auroch va laisser place à la vache, le sanglier mis en captivité va donner naissance à l'élevage de cochons.

La vraie question, c'est pourquoi l'artificialisation semble causer de tels dommages aujourd'hui, puisqu'elle ne date ni d'aujourd'hui ni même d'hier ? Pourquoi un problème qui n'en était pas un au Néolithique en devient-il subitement un aujourd'hui ? Il s'est produit en réalité deux phénomènes au cours de ces dernières décennies. Ces phénomènes, on peut les nommer ainsi : finitude et accélération. La finitude, c'est la prise de conscience par l'Homme que nous vivons sur une planète aux ressources limitées. Or, nous nous sommes comportés jusqu'à présent sans trop nous soucier de l'épuisement des ressources planétaires. 80% du plastique n'est pas recyclé. 500 000 hectares sont artificialisés tous les ans, soit l'équivalent de la France métropolitaine sur un siècle. En 2050, le volume des déchets dans la mer sera supérieur à celui des mammifères marins. Et nous pourrions multiplier les exemples de ce type à l'envi... L'accélération, c'est l'accélération de la croissance démographique, puisque de 2,5 milliards d'individus en 1950, la planète en accueillera 10 milliards en 2050 ; l'accélération des échanges qui sont 45 fois plus importants en volume aujourd'hui qu'en 1950 ; l'accélération du progrès technique avec des ordinateurs dont on prévoit par exemple qu'en 2050, ils auront une puissance de calcul 2 milliards de fois supérieure aux machines actuelles.

La conjugaison de ces deux phénomènes, finitude et accélération, nous mène irrémédiablement vers ce que certains appellent une impasse, et ce que d'autres considèrent comme relevant d'une crise. Irrémédiablement parce que nous consommons toujours plus de ressources, que nous sommes de plus en plus nombreux sur Terre pour consommer et que nos ressources sont elles-mêmes finies, autrement dit que nos ressources disponibles sont limitées. Quand on se trouve dans une impasse, il n'y a que deux possibilités. L'une consiste à avancer et on se prend le mur qui est en face, l'autre consiste à faire machine arrière. Or, faire machine arrière, c'est précisément ce que proposent les décroissants, et cette approche est en effet difficilement contestable en théorie, sauf bien sûr à considérer que nous ne sommes pas réellement dans une impasse, mais plutôt en situation de crise, et auquel cas rien n'interdit de penser alors qu'on puisse retrouver une stabilité autrement que par un retour en arrière. Considérer que nous sommes en crise, c'est considérer que, par nature, un écosystème est vivant et qu'il évolue nécessairement au fil du temps, que par conséquent la question qui se pose à nous est davantage celle de la maîtrise de cette évolution que celle d'un retour en arrière. L'écologie, étude des systèmes vivants, aurait plutôt tendance à donner raison à ceux qui se revendiquent de cette dernière option, ceux qui pensent que nous sommes en crise plutôt que ceux qui pensent que nous sommes dans une impasse. La vie sur Terre a en effet toujours évolué et les écosystèmes avec elle, ou dit autrement les écosystèmes ont toujours évolué sur Terre et la vie que ces écosystèmes abritent a évolué avec elle. Par ailleurs, s'il est une caractéristique à la vie bien particulière, c'est qu'elle avance toujours et qu'elle ne recule jamais. On peut bien entendu faire des reconstitutions historiques, ou même reconstituer des milieux, mais c'est toujours relatif. Relatif dans l'espace et dans le temps. Quand bien même nous le voudrions unanimement qu'il nous serait impossible de revenir à l'âge de pierre. C'est une réalité incontestable du point de vue de l'écologie. S'il y a quelque chose d'irrémédiable dans l'évolution humaine, tout comme il y a quelque chose d'irrémédiable dans toute vie humaine, c'est sa progression. Le vieillissement et la mort cellulaire, sont irréversibles. Une fois qu'une cellule a subi l'apoptose (mort cellulaire programmée), elle ne peut pas être ramenée à la vie.

Et pourtant, ce sont ceux-là même qui se disent les plus écologistes qui veulent aujourd'hui que nous décroissions, et non seulement ils le veulent, mais ils le réclament au nom de l'écologie, autrement dit au nom de la science. Or, en vérité, ce qui différencie les partisans de la décroissance de ceux qui souhaitent transformer le système, ce n'est pas tant la science qu'une vision du monde, et c'est même, là, à cet endroit précis que s'insinue le débat politique.

Une économie de l'entre-deux

Le rôle de l'entreprise est premier. Il est premier dans la transition parce qu'au fond, ce qui ne va pas c'est que nous produisons trop par rapport aux ressources que la planète peut mettre à notre disposition. C'est ce que démontre parfaitement le fameux jour de dépassement, ce jour qui, année après année, arrive de plus en plus tôt dans le calendrier. Oui, mais si les entreprises produisent plus, c'est que nous consommons davantage. Une entreprise ne produirait pas ce qu'elle ne peut pas vendre. Par conséquent, rejeter la faute du déséquilibre entre ressources disponibles et ressources utilisées sur l'entreprise est un peu facile. Et on pourrait tout aussi légitimement penser que c'est le consommateur qui est responsable de ce déséquilibre. Oui, bien sûr, certes, c'est vrai aussi, mais le consommateur ne consomme que ce qu'on lui donne à consommer. S'il y avait moins à consommer ou même si, chacun d'entre nous, nous disposions de ressources disponibles moins conséquentes, ce qui finalement revient à peu près au même, nous consommerions moins. C'est indéniable là encore, mais reconnaissons quand même que rares sont ceux qui parmi nous sont disposés à réduire leur consommation et encore moins nombreux sont ceux qui sont prêts à voir diminuer leurs ressources. Sinon, l'inflation serait une bonne nouvelle et nous n'aurions pas eu ces manifestations des gilets jaunes sur les ronds-points, il y a quelques mois. *« Chic alors, entendrions-nous à chaque nouvelle période inflationniste, les prix augmentent, nous allons pouvoir moins consommer, et la planète, elle, ne s'en portera que mieux ! »*

Ni les consommateurs, ni davantage l'État ou les entreprises ne se réjouissent d'une telle situation. Parfois, de manière conjoncturelle, les entreprises peuvent y voir une opportunité ou un effet d'aubaine transitoire, ils augmentent leurs prix de manière injustifiée ou au-delà de ce qui est justifié par l'inflation et en profitent le temps que les consommateurs ajustent leur niveau de consommation, c'est-à-dire jusqu'à ce qu'il la réduise. Mais rapidement, les entreprises et leurs dirigeants, même les moins vertueux, savent, ou ils constatent, que l'augmentation des prix conduit à une baisse de la consommation et c'est le début des problèmes tout autant pour eux que pour leurs clients, le pire pour une entreprise étant de ne plus vendre, puisque vendre est sa condition d'être, autrement dit la condition nécessaire à sa survie.

On en revient donc toujours à cette même question : qui est-ce qui est responsable ? Celui qui consomme ou celui qui produit ?

Si la réponse à cette question est tellement compliquée, c'est que dans une économie de marché, personne n'est responsable, ni l'un ni l'autre, ou s'il faut désigner absolument un coupable, ce sont les deux, car l'offre et la demande sont censées se réguler par elles-mêmes. C'est le fait de ce qu'on appelle « *la main invisible* ». Sur le marché, tout s'organise comme si quelque entité avait le pouvoir d'orienter le comportement des différents acteurs appelés à s'autoréguler dans le bon sens. Sauf que cette entité n'existe pas physiquement, elle n'a pas de corps. *« La main invisible »* n'est rien d'autre que le résultat d'un réflexe rationnel, celui de *l'homo economicus*, et ce qui se régule dans une économie de marché par le jeu de l'offre et de la demande, ce sont les rapports entre les agents économiques en tant que sujets de l'économie, entre ceux qui agissent ou peuvent agir sur les déterminants économiques. Lorsque le prix d'un produit est élevé, le consommateur n'en achète pas ou peu. Lorsque le prix de ce même produit baisse, le consommateur va en acheter davantage. Cette régulation se fait par intérêt réel ou ressenti par l'un ou l'autre, par chacun ou chaque autre, qu'il soit du côté des entreprises ou des consommateurs, et cette régulation s'opère en fonction du gain marginal individuel que celui-ci va trouver à vendre ou à acheter un produit.

L'économie de marché se caractérise par le règne de l'individualisme en ce sens que le pouvoir est entre les mains des individus, mais de chaque individu pris isolément et non de tous les individus considérés collectivement. Et si sur le marché, comme partout ailleurs, la somme des individus forme bien un tout qui est le collectif, l'intérêt individuel ne rejoint pas pour autant toujours l'intérêt collectif. Et c'est là, précisément le nœud du problème, la question environnementale est tout sauf une question individuelle. Il s'agit non seulement d'une question éminemment collective, mais plus encore, c'est une question collective qui concerne plusieurs générations. Individuellement, qu'il y ait plus ou moins de déchets, qu'il y ait plus ou moins de biodiversité, que la planète se réchauffe d'un degré ou d'1,5 degré, c'est sans conséquences pour moi. Et non seulement c'est sans conséquences pour moi, mais mon action, prise individuellement, n'a même aucun impact sur l'environnement. Si en raison du prix élevé des prix, je consomme moins, j'entamerai moins mon budget et ce sera, là une réalité immédiatement tangible sur mon porte-monnaie. Par contre si je consomme moins ou différemment pour des raisons écologiques, je n'en verrai pas les bénéfices sur le plan écologique, et même pas du tout les bénéfices. En tous cas, mon effort individuel ne sera pas récompensé par un bénéfice individuel. L'air que, personnellement, je vais respirer ne sera pas plus sain que celui que respirera mon voisin qui lui n'aura peut-être fait aucun effort particulier pour réduire sa consommation au bénéfice de l'environnement. Autrement dit simplement, il ne faut pas en l'état actuel attendre du marché qui par définition s'équilibre sur la base des intérêts individuels des agents économiques qu'il soit d'une quelconque utilité dans la prise en compte d'intérêts collectifs lorsque l'intérêt collectif ne se traduit pas par un bénéfice individuel. La mécanique de l'économie de marché n'est pas la bonne pour résoudre les problèmes environnementaux, elle ne fonctionne tout simplement pas.

Trois solutions apparaissent alors de manière plus ou moins évidente. La première consisterait à sortir du libéralisme économique pour déployer une économie planifiée dans laquelle la quantité de production et de consommation serait décidée par un pouvoir central, auquel cas nous serions sûrs de ne pas produire plus que de raison au regard des ressources disponibles, puisque le niveau de production serait raisonnablement déterminé au travers de quotas, et non plus par le jeu de l'offre et de la demande comme sur le marché en économie libérale. Mais ce système organisé au sein d'une économie planifiée a déjà montré quelques limites dans notre histoire en ce sens qu'il peut contribuer en l'absence de compétition, de concurrence… à une moindre efficacité, à un appauvrissement de la nation et même à la corruption. Le pouvoir n'étant plus celui de *« la main invisible »* comme on le nomme dans l'économie libérale, il est entre les mains d'individus physiques et identifiables qui peuvent en abuser. Entre économie planifiée et dictature, il n'y a parfois qu'un pas qu'on a largement franchi en certaines contrées de ce monde…

Une autre solution serait de mettre en place des normes qui feront qu'on va développer une économie de marché encadrée pour préserver les intérêts supérieurs à ceux des agents économiques pris individuellement. La difficulté alors, c'est qu'aujourd'hui l'économie est mondiale et que la démocratie est locale. Or, si on prend des initiatives réglementaires ou législatives au plan local, autrement dit au plan d'un État, dans une économie mondialisée, nous créons des contraintes supplémentaires pour les entreprises de ce pays-là, au risque d'une perte de compétitivité. C'est l'exemple des néonicotinoïdes interdits en France sur la culture des betteraves et autorisés en Allemagne. Il faudrait, en l'espèce, pour éviter des phénomènes tels que la distorsion de concurrence, imaginer pour ce qui relève des enjeux environnementaux le transfert du pouvoir normatif de chaque État vers une gouvernance mondiale. Aujourd'hui au plan mondial, il existe bien une expertise, le GIEC (Groupement Intergouvernemental sur l'Évolution du Climat), mais il n'existe pas de pouvoir de décision. Ce qui ne justifie pas d'ailleurs que le GIEC devrait disposer d'un tel pouvoir. C'est trop souvent une remarque entendue dans nos sociétés où on voudrait que les sachants décident sur des sujets de ce type. Sauf que des décisions de ce type ont toujours d'infinies répercussions et qu'un expert n'est expert que de son domaine, il risquerait pour cette raison de ne prendre des décisions qu'au regard de celui-ci.

Enfin, il nous reste la possibilité aussi de développer un libéralisme économique dans lequel nous aurions intérêt à produire des biens et services bons pour la planète ou a minima qui n'aient pas de conséquences néfastes pour l'environnement. Ce serait formidable, évidemment, la solution idéale sur le papier, mais comment y parvenir ? Comment faire en sorte qu'un constructeur de voitures thermiques arrête de produire des véhicules thermiques et ne produise plus que des véhicules électriques ? Comment faire pour qu'une entreprise du bâtiment privilégie la construction de logements collectifs sur les logements individuels ? C'est compliqué dans une économie de marché libérale, puisque par définition dans une économie libérale chacun est libre : libre de produire ce qu'il veut, libre de consommer ce qu'il veut.

À défaut de savoir comment faire pour avancer dans cette direction ou dans une autre, voyons aujourd'hui ce qui est à l'œuvre. Eh bien ce qui est œuvre est un mix de tout cela ! L'État et les collectivités sont fréquemment commanditaires de biens et services ayant un impact positif sur l'environnement ou en tous les cas n'ayant pas d'impacts négatifs. C'est aujourd'hui intégré dans la plupart des cahiers des charges des appels d'offre des marchés publics. Ils, l'État et les collectivités, subventionnent, par ailleurs, beaucoup le secteur de l'Economie Sociale et Solidaire qui sort des mécanismes traditionnels du marché libéral. En parallèle, on constate également que des normes se mettent peu à peu en place, mais ces normes sont contestées et contestables dès lors, nous l'avons mentionné, qu'elles placent certaines entreprises nationales dans une situation de désavantage concurrentiel dans une économie aujourd'hui mondialisée. Et enfin les pouvoirs publics tendent, c'est manifeste aussi, à soutenir de nouveaux marchés écologiquement vertueux, qui ont vocation à être rentables et qui pourraient se déployer dans une économie libérale, le solaire ou l'hydrogène par exemple, sans plus d'aides de l'État demain.

En somme, nous soutenons aujourd'hui une économie de marché qui a contribué à épuiser les richesses naturelles en y associant les ingrédients d'une économie planifiée avec pour objectif de préserver ces mêmes richesses naturelles, c'est ce qu'on appelle une économie mixte qui se régule au travers du jeu concurrentiel pour partie et qui est sous influence des décisions de l'État pour l'autre partie, le tout dans le but de faire converger les intérêts individuels avec les intérêts collectifs aujourd'hui, maintenant, et demain, pour les générations futures.

La question est alors de savoir si détruire un peu et préserver un peu est une réponse adaptée. Sur le plan économique peut-être, et on mesure bien l'importance de préserver l'économie pour préserver la croissance et l'emploi notamment, mais sur le plan de l'écologie, peut-on vouloir préserver un peu la biodiversité et accepter un peu la perte des espèces ? L'équilibre à trouver est-il de cet ordre-là ? Peut-on vouloir accepter un peu la hausse du réchauffement, mais pas trop ? Dès lors qu'il est question de la vie, la logique de la demi-mesure est, on le voit bien, difficilement défendable. Nous voulons tous vivre *« pleinement »*. Mais qu'entend-on par *« pleinement »* ? Vivre *« pleinement »*, est-ce vivre intensément aujourd'hui, sans contraintes, ou vivre pleinement au sens durable, en préservant les conditions de vie pour les générations futures ? Le *«plein»* peut en effet vouloir remplir des espaces de vie très différents, celui de notre présent immédiat, ou celui des lendemains à venir. C'est cet équilibre, entre intensité et durabilité, que nous devons apprendre à dessiner.

Cette économie hybride, tiraillée entre marché et régulation, révèle une autre fragilité : celle du pouvoir politique. Car si l'économie hésite, la décision publique, elle aussi, vacille face aux enjeux de transition.

Les valses-hésitations du pouvoir politique

Comment expliquer ce qui peut apparaître concernant les enjeux de transition, tantôt comme une indécision, tantôt comme une hésitation ?

On n'hésite pas quand on est sûr de son chemin. On a moins de chance ou de risque d'être dans l'indécision, c'est selon, l'indécision peut avoir du bon comme du mauvais, quand on est en capacité de prendre une décision. De ce point de vue, il est à noter que nous pouvons être acteur de l'indécision, y compris quand notre action consiste à ne pas agir, quand l'action d'une certaine manière est inaction, mais on peut aussi être spectateur ou victime de l'indécision quand le caractère indécis d'une situation s'impose à nous. La météo peut être indécise. On peut vouloir chanter pour faire pleuvoir ou implorer le dieu soleil de se montrer, nos incantations n'auront que bien peu d'effets sur elle.

Sur la question environnementale, l'indécision est liée au fait que le pouvoir politique, celui qui a pour rôle de montrer le chemin, de dessiner un projet de société qui dépasse les intérêts individuels au profit des intérêts collectifs, un projet qui dépasse aussi les générations pour inscrire une époque dans une histoire et dans la construction d'un futur, ce pouvoir-là est en panne. Il est en panne parce que s'il a la légitimité d'agir, il n'en a plus réellement la capacité. Et même sa légitimité n'est plus tout à fait ce qu'elle était. Dans un état démocratique, la légitimité d'agir du pouvoir politique est liée au fait que les représentants du peuple sont élus par une majorité de citoyens. Cette légitimité est fortement affaiblie aujourd'hui avec un taux de participation aux élections qui va de faible en faible, et ce qui vaut pour la France se vérifie en d'autres endroits du monde, avec de surcroît un éclatement des votes en direction de partis présentant des projets radicalement différents les uns des autres, pour ne pas dire opposés sur le plan sociétal et environnemental. Outre l'abstentionnisme et l'éclatement de l'électorat, la capacité d'agir du pouvoir politique s'est érodée aussi par le fait que la libéralisation de l'économie a transféré au fil des décennies une partie du pouvoir d'agir aux entreprises. Il n'y a aujourd'hui pratiquement plus un pan de l'économie qui ne soit sur le marché concurrentiel, et le pouvoir des entreprises sur le plan économique, mais aussi social et environnemental, est devenu d'autant plus important que les multinationales, nombreuses, déploient par définition leurs activités, donc leur pouvoir, sur plusieurs pays, contrairement au pouvoir politique qui, lui, est circonscrit aux frontières d'un État. Cette différence de périmètre géographique à l'intérieur duquel s'exerce le pouvoir de l'un et de l'autre, l'État d'un côté, l'entreprise de l'autre, l'un étant limité, l'autre illimité, a pour effet de mettre certaines entreprises multinationales dans une situation de pouvoir exacerbé, précisément dans les échanges avec le pouvoir politique, précisément sur les enjeux sociaux ou environnementaux : *« Vous ne voulez pas de moi, très bien, je vais m'installer en un autre endroit, dans un autre pays, là où on m'accueillera les bras ouverts, sans me poser tout un tas de conditions qui sont en réalité des contraintes environnementales et sociétales qui ne me permettent pas de maximiser mes profits »*.

À cela, il faut ajouter que certaines multinationales, outre le fait qu'elles rayonnent au-delà des frontières d'un pays, représentent un poids économique comparable à certains États. En 2023, les plus grandes firmes multinationales, comme Walmart, Amazon, et Apple, ont généré des chiffres d'affaires annuels de plusieurs centaines de milliards de dollars. Le chiffre d'affaires de Walmart en 2023 était d'environ 611 milliards de dollars. En comparaison, le PIB de la Nouvelle-Zélande était de 250 milliards de dollars et celui du Luxembourg était d'environ 86 milliards de dollars.

Dans une économie mondialisée avec de grandes entreprises qui embauchent de nombreux salariés et qui peuvent être en situation de monopole ou de quasi-monopole, grandes entreprises qui par ailleurs ont des parts sociales dans de nombreuses autres entreprises un peu partout dans le monde, certains dirigeants économiques sont même dans une situation où ils peuvent mettre les politiques et les citoyens dans une quasi-situation de soumission. Le pouvoir de changer est donc d'abord, bel et bien, aujourd'hui et jusqu'à nouvel ordre entre leurs mains.

Jusqu'à nouvel ordre, parce que le pouvoir n'a pas toujours été économique, il a pu être militaire dans notre histoire. Il a pu s'exprimer différemment aussi en fonction non pas des richesses produites, mais des terres conquises. Et rien n'empêche de penser que demain puisse se mettre en œuvre un nouvel ordre mondial. Il est d'ailleurs probable que le capital foncier prenne une toute autre importance dans les décennies à venir, bien supérieure à celle qu'il a aujourd'hui. Il y a deux raisons à cela. La première, c'est que le foncier se raréfie à mesure qu'on artificialise les sols pour construire, et que ce qui est rare a toujours fait l'objet de convoitise chez l'Homme. La seconde, c'est qu'au-delà de la richesse que peut procurer le foncier quand on l'exploite, le foncier peut également avoir une valeur environnementale qui se fera d'autant plus précieuse que les acteurs économiques devront de plus en plus systématiquement compenser leur impact environnemental. Dans cette nouvelle équation qui va se faire de plus en plus visible, plus on produira, plus les atteintes à l'environnement risquent d'augmenter ; et plus celles-ci augmenteront, plus il faudra compenser. Plus il faudra compenser, plus nous aurons besoin de foncier. On peut penser que celui qui, demain, détiendra du foncier détiendra par conséquent du pouvoir. Mais il n'en reste pas moins qu'à date, le pouvoir est essentiellement économique, marchand, et à ce titre c'est donc bel et bien l'entreprise qui peut faire changer le monde.

Cette inversion historique ne signifie pas la disparition du politique, mais commande l'instauration d'un nouveau contrat agrégeant un pouvoir politique capable d'assumer son rôle d'orienteur du long terme, tout en nouant des alliances lucides avec les acteurs économiques qui veulent et peuvent faire la transition. Il nous faut conscientiser et accepter cette nouvelle donne pour sortir de l'hésitation, de l'incertitude ou encore du doute. Car quand le politique doute, le citoyen s'inquiète. Une inquiétude, diffuse mais persistante, qui peut prendre racine dans une peur plus profonde encore : celle de l'inconnu.

L'inquiétude inhérente à l'inconnu

Passer d'un état d'équilibre à un autre, comme le suggère toute transition, suppose de quitter une situation connue, celle dans laquelle nous nous trouvons, pour en rejoindre une autre, qui ne l'est pas encore. Inconnu, ce nouvel état ne l'est pas totalement, dans la mesure où nous l'avons imaginé, où nous l'avons construit mentalement, où nous en avons évalué les bénéfices potentiels. Mais cela ne change rien au fait qu'il demeure un terrain inexpérimenté. Et ce qui n'a pas encore été expérimenté, même lorsqu'il est anticipé, suscite en nous une forme d'inquiétude. Car la pensée ne remplace jamais tout à fait les sens.

L'humain, même rationnel, conserve une part d'animalité. Nous avons besoin de voir, de sentir, de toucher pour être pleinement rassurés. Cela se vérifie dans presque toutes les premières fois : la première fois qu'on conduit, qu'on prend l'avion, qu'on goûte un plat nouveau… ou même la première fois qu'on fait l'amour. Même lorsqu'il ne s'agit pas d'une première fois absolue, mille questions nous traversent : suis-je à la hauteur ? Comment cela va-t-il se passer ? Est-ce que ce sera agréable ?

Et après coup, quelle que soit cette première fois, il n'est pas rare que l'on se dise : *« Je pensais que ce serait plus compliqué. En fait, c'était plutôt doux, plaisant, agréable... »* On avait pourtant tenté de se faire une idée. On s'était renseigné, on avait lu… Mais tant que nous n'avons pas expérimenté par nous-mêmes, nous ne savons pas tout à fait. Et ce *« pas tout à fait »* suffit à nourrir la peur, cette peur qu'on appelle, communément, la peur de l'inconnu. Une peur vague, parfois injustifiée, mais persistante. Une peur qui peut nous pousser à faire n'importe quoi, ou à ne rien faire du tout. Deux attitudes apparemment opposées, mais qui procèdent finalement d'un même ressort : l'inexpérience.

Prenons l'exemple du nageur débutant. Même équipé de brassards et de bouées, donc en toute sécurité, même averti du théorème d'Archimède, ce principe scientifique incontesté selon lequel *« tout corps plongé dans un liquide reçoit une poussée verticale vers le haut égale au poids du volume déplacé »*, il entre dans l'eau avec crainte. Et bien souvent, il finit par boire la tasse. Ce n'est pourtant ni une question d'intelligence ni de connaissance : c'est la panique provoquée par l'inconnu qui prend le dessus. C'est exactement la difficulté que pose toute transition aujourd'hui : elle nous demande de nous engager sur un terrain encore inexploré. Et la peur de l'inconnu, l'appréhension, peut freiner notre marche ou nous faire agir de manière désordonnée.

Sur le plan intellectuel, la majorité d'entre nous adhère à l'idée qu'un changement de modèle est nécessaire. Cette conviction, partagée aujourd'hui, ne l'a pas toujours été, mais désormais, le consensus est là. Depuis le rapport Meadows dans les années 1970, en passant par les discours sur « *le monde d'après* » nés de la pandémie de Covid, nous savons que notre modèle de croissance a atteint ses limites.

Nous savons qu'il faut consommer moins, réduire nos émissions de carbone, freiner l'artificialisation des sols… Nous savons. Et pourtant, nous n'y allons qu'à petits pas. Comme ce nageur qui, tout en sachant qu'il flottera, pose prudemment un pied dans l'eau, puis l'autre, avance maladroitement avant de se risquer enfin à s'allonger.

Pourquoi une telle inertie ? Parce qu'entre la modélisation d'un avenir souhaitable et sa concrétisation, il y a une distance : celle qui sépare le concept de son application, la théorie de la pratique, le virtuel du réel. Or, pour franchir ce fossé, il n'existe qu'un seul moyen : oser, essayer, prendre le risque, autrement dit entreprendre. Entreprendre, c'est précisément faire passer une idée dans le champ du réel, c'est créer, agir, se jeter à l'eau. Produire, non seulement des richesses économiques, mais aussi des formes nouvelles de richesses, sociales ou environnementales, malgré les incertitudes. Voilà pourquoi, au fond, l'entreprise, dans toutes ses formes, dans toutes ses définitions est au cœur de la transition. Parce qu'elle est le lieu où l'on passe de l'intention à l'action.

Mais la peur, évidemment, n'est pas le seul et unique frein. Ce serait trop simple s'il ne s'agissait que d'oser. Car même lorsque l'avenir est désirable, le changement reste difficile. Il bouscule nos habitudes, nos repères, nos routines. Et c'est même là, à cet endroit précis, que surgissent des résistances parmi les plus tenaces.

Les freins psychologiques et sociaux au changement

À la peur de l'inconnu s'ajoute un autre frein, tout aussi puissant : celui du changement. Car tout changement suppose de quitter ses habitudes. Or, les habitudes ont ceci de précieux qu'elles nous sécurisent. Elles structurent nos journées, elles balisent notre vie, elles deviennent des repères. En cela, l'habitude n'est pas seulement confortable, elle est aussi une forme de remède à l'inconnu. Et parfois, l'habitude va si loin qu'elle nous permet d'agir sans même penser. Lorsqu'elle devient routine, répétée encore et encore, elle se transforme en automatisme. C'est un gain de temps, d'énergie, d'attention. Une forme d'économie de soi.

Prenons à nouveau l'exemple du nageur. Lorsqu'il entre pour les premières fois dans l'eau, il n'est pas encore nageur, il est un simple apprenti-nageur. Même s'il sait, en théorie, qu'il ne peut pas couler, que la poussée d'Archimède est là pour le maintenir à la surface, il lui arrive encore de boire la tasse. Mais à force de pratique, il va gagner en confiance, et peu à peu, il finira par ne plus penser à la poussée d'Archimède. Il répétera les gestes, d'abord avec précaution, puis avec précision, jusqu'au jour où il nagera sans même y réfléchir. Les mouvements alors s'enchaîneront, fluides, synchrones. Et devenant un nageur expérimenté, il pourra même, avec le temps, nager sans penser à nager. Il fera sans avoir à faire l'effort de penser à ce qu'il fait. Quel soulagement ! Quelle aisance !

C'est cela, le pouvoir de l'habitude : elle efface l'effort. À l'inverse, le changement, lui, le réveille. Il nous oblige à redevenir conscients, à reprendre le contrôle, à réapprendre. À quitter l'automatisme rassurant pour retrouver l'incertitude de l'apprentissage. Or, c'est précisément là que réside le frein : nous résistons au changement non par refus du progrès ou par opposition de principe, mais parce qu'il vient réintroduire un effort là où nous avions appris à nous en passer. Il remet en mouvement ce que nous pensions acquis. Il demande de l'attention, là où nous avions trouvé le confort du geste répété.

En somme, l'habitude nous allège, le changement nous alourdit. Et pourtant, sans changement, il n'y a pas d'évolution possible. Pour changer, il n'est donc d'autre solution que d'accepter de réintroduire l'effort dans nos vies.

Une approche comptable du changement

Dire que l'inconnu nous inquiète, ou que nous résistons au changement, n'a rien de révolutionnaire. Ce sont là des constats bien établis. Ce qui étonne davantage, en revanche, c'est de constater à quel point les individus, dans leur très grande majorité, affirment la nécessité du changement… tout en se montrant si peu enclins à le mettre en œuvre. Entre ce à quoi j'aspire et ce que je fais, il y a parfois un gouffre. La raison en est simple : l'aspiration peut être collective ou individuelle. L'action, elle, n'est toujours que personnelle. Et dans les deux cas, je raisonne, souvent inconsciemment, comme un comptable. Je fais la somme de ce que j'ai à y gagner, la soustraction de ce que j'ai à y perdre.

Si tout le monde s'engage dans la transition, alors oui, bien sûr, j'ai tout à y gagner. Moins de pollution, une planète plus vivable, un monde meilleur pour mes enfants. Qui pourrait être contre un tel scénario ? Les efforts que nécessite la transition, lorsqu'ils sont minimes, sont acceptés, parfois même avec fierté. Ils nous donnent l'illusion de contribuer au bien commun. John Stuart Mill, dans *L'utilitarisme*, expliquait déjà que les efforts personnels sont souvent motivés par l'espoir d'un bénéfice individuel, mais que ces efforts peuvent aussi servir l'intérêt général.

Mais lorsque l'effort exigé augmente, il en va tout autrement, et c'est alors que la résistance se fait sentir. Éteindre la lumière, c'est facile. Réduire ses déplacements en avion ou revoir ses habitudes de consommation, cela devient plus contraignant.

C'est ce qu'on appelle l'individualisme. Ou, pour rester plus politiquement correct, une certaine forme d'égoïsme modéré. Car soyons honnêtes : nos actions sont d'abord dictées par notre intérêt propre, avant de répondre à l'intérêt collectif. Nous sommes nombreux à vouloir plus que nous ne faisons. Surtout lorsqu'il s'agit d'écologie. Parce que l'effort écologique individuel ne se traduit pas par un bénéfice individuel direct. Et que son impact, s'il existe, dépend d'une dynamique collective sur laquelle nous n'avons aucun contrôle.

C'est là le vrai déséquilibre : l'effort est certain, alors même que son résultat ne l'est pas.

Cette incertitude fragilise la motivation de chacun de nous. Car si je fais des efforts sans garantie de résultat, tandis que d'autres n'en font aucun et bénéficient des mêmes bénéfices que moi, pourquoi continuer ? Ce raisonnement n'est pas noble. Il n'est pas généreux. Mais il est humain.

En somme, nous faisons de la transition une affaire de comptabilité. Et tant que le bénéfice personnel ne sera pas perceptible, mesurable, immédiat, il y a même peu de chances pour que l'engagement dépasse le stade des intentions.

Évoluer plutôt que changer

Évoluer ? Oui. Changer ? Non. C'est à peu de choses près le message que peuvent vous renvoyer votre conjoint, votre collaborateur, vos équipes… Ils ne l'expriment pas nécessairement ainsi, pas de manière aussi radicale, parfois même ils refusent de le reconnaître, mais c'est une évidence et ce n'est pas un caractère propre ni à votre conjoint ni à vos collaborateurs, nous sommes tous pareils, nous apprécions avant tout les compliments, les félicitations et si nous acceptons cette idée que nous ne sommes pas parfaits, nous l'acceptons dans une certaine mesure.

Autrement dit, chacun d'entre nous est capable d'entendre quelques remarques de son conjoint, de modifier sa manière de faire pour mieux répondre aux attentes de son employeur... C'est même une demande, si elle est accompagnée d'une affirmation laudative qui peut être non seulement acceptée, mais potentiellement bien vécue : *« c'est formidable ce que vous faites, j'apprécie votre travail..., mais est-ce que vous ne pourriez pas dorénavant faire cela en plus ou envisager ceci autrement ? », « Chéri, je t'aime tellement, mais est-ce que tu ne voudrais pas s'il te plaît une prochaine fois... ».*

Cela bien sûr sous réserve qu'il ne s'agisse pas d'une remise en cause trop profonde de ce que nous sommes. Et on peut le comprendre. Car si on nous demande de changer du tout au tout, c'est une autre histoire.

D'abord, ce sont des efforts beaucoup plus conséquents, mais c'est aussi une remise en cause beaucoup plus profonde. Changer du tout au tout, c'est abandonner tout ce que nous sommes pour devenir tout ce que nous ne sommes pas, et donc, c'est ni plus ni moins nous demander de changer d'identité.

Changer de nom, ce serait encore plus supportable, mais changer véritablement d'identité, au sens de changer de comportement dans la vie professionnelle ou personnelle, ou les deux, exprimer des désirs différents..., non seulement, c'est extrêmement compliqué, voire impossible, mais c'est surtout accepter une petite mort, la mort de celui que nous sommes !

Or, personne n'est véritablement prêt à mourir quelles qu'en soient les raisons. Encore moins pour le travail, encore moins pour son patron. Et pour ce qui est de son conjoint, mourir pour lui, mourir pour elle, c'est une jolie expression visant à exprimer l'amour qu'on porte à l'autre, mais entre le dire et le faire, il y a un fossé… Et il est beaucoup plus probable, si l'autre passe son temps à vous dire que vous ne faites pas bien, que vous ne dites pas bien, et que vous ne pensez pas bien, que vous le quittiez ou que vous la quittiez.

Mourir pour lui ou mourir pour elle, c'est d'ailleurs davantage une expression qu'on emploie au début d'une relation amoureuse, quand on est encore sous le coup de la passion, et on le dit d'autant plus aisément qu'à ce moment-là de la relation, de remarques, l'autre ne vous en fait pas.

Quand par bonheur ou par malheur, vos collaborateurs ou votre conjoint acceptent de changer parce qu'ils n'ont pas le choix, votre conjoint parce qu'il tient à vous et craint que vous ne l'aimiez plus ou que vous l'aimiez moins, vos collaborateurs parce qu'ils ont des enfants à nourrir, une maison à payer…, vous les mettez en réalité dans une situation intenable, de fragilité psychologique évidente. Comment peut-on montrer ce que nous ne sommes pas ? Être ce que nous ne sommes pas ? Vous les obligez d'une certaine façon, implicitement, à se dénigrer ou à trahir ce qu'ils sont profondément.

La trahison, c'est ne pas être fidèle à ses idées, à l'autre, à ce que nous sommes. Or l'infidélité, sur quelque terrain qu'elle s'exerce, en amitié, en amour, ou encore professionnellement, déclenche des sentiments qui ne sont pas très agréables et dont on se passerait bien. Chacun les a déjà ressentis, c'est ce qu'on appelle la perte de confiance.

Quand vous demandez à un collaborateur non pas d'évoluer, mais de changer, il perd confiance. Et selon l'ego qu'il a de lui-même, il perd la confiance qu'il vous accordait jusqu'alors ou il perd la confiance qu'il avait de lui-même.

Bref, le meilleur moyen de ne rien changer, c'est de vouloir tout changer, parce qu'en l'absence de confiance il n'y a pas non plus d'adhésion, et sans adhésion vous n'entraînez personne au changement. C'est ce qu'énonce l'idée de transition, à l'inverse de ce que pourrait être une rupture. La transition suppose une évolution progressive dans le temps.

C'est pour cette raison aussi que toute croissance exponentielle d'une entreprise est à la fois positive et porte en même temps, en elle, le germe de situations de crises potentielles.

Le problème, quand on est dirigeant, c'est qu'on ne va pas refuser des affaires au motif qu'une entreprise qui potentiellement tourne trop bien est le signe annonciateur d'une entreprise qui pourrait tourner mal demain, même s'il est vrai pourtant que les dirigeants qui ont des profils de gestionnaire sont moins embêtés sur le plan social, à l'intérieur de leur entreprise, que ceux qui ont des profils de développeur.

Encore que les embêtements arrivent toujours à un moment ou à un autre et le gestionnaire qui ne fait pas suffisamment évoluer son entreprise risque de la mettre en difficulté un jour, parce qu'à l'interne, il crée les conditions d'une stabilité réconfortante qui va bien à tous, mais la stabilité ne tient que dans un monde lui-même stable. Or, il relève d'une évidence que le monde change en permanence et une entreprise qui l'ignorer, on le sait, ne peut pas ignorer son environnement trop longtemps, à commencer ses concurrents et ses clients, au risque sinon de ne plus être compétitive.

Pour ce qui relève des enjeux de transition, ils sont tellement forts qu'ils plaideraient plutôt pour une rupture que pour une transition. C'est ce que réclament certains militants qui revendiquent la nécessité d'un réveil ou d'un sursaut. Ce sont tous ces discours sur le monde d'après… C'est ce que réclament les décroissants ou l'extrême gauche. Mais au-delà de ce qu'on met derrière le monde d'après, derrière les objectifs visés par les décroissants ou par l'extrême gauche, la méthode qui vise au changement plutôt qu'à l'évolution connaît des résistances, voire un certain rejet, parce que, dès lors qu'on rentre dans le concret, l'évolution on veut bien, le changement, on n'en veut pas. C'est ainsi qu'aux portes du pouvoir, toujours ou presque, les discours des politiques parmi les plus radicaux se radoucissent et se veulent rassurants en expliquant qu'ils vont changer, mais qu'ils vont changer en douceur. Autrement dit, ce qu'il faut entendre, c'est qu'ils ne vont rien changer, mais qu'ils vont au mieux tenter de faire évoluer.

En somme, et peut-être de manière moins radicale, la peur de perdre sa place, sans même parler de perdre son identité, freine l'individu, en même temps qu'elle paralyse aussi les structures. Car les organisations résistent également. Et parfois, confrontées au changement, elles se défendent, comme un corps face à une agression.

Ce qu'il faut garder en tête

Il y a toujours un moment où les mots ne suffisent plus. Où les intentions, même sincères, se brisent contre la résistance du réel. La transition, si séduisante dans les discours, devient alors une épreuve. Elle rencontre la peur de l'inconnu, les freins psychologiques, les intérêts installés. Elle révèle que changer n'est pas seulement une affaire de volonté, mais de renoncements, de pertes, de déséquilibres à affronter. L'économie de marché, fondée sur l'intérêt individuel, peine à intégrer des enjeux collectifs. Le pouvoir politique, lui, vacille entre ambition et prudence, tiraillé entre le court terme électoral et le long terme écologique. Et chacun, dans ce brouillard, avance à tâtons, comptant ses efforts, mesurant ses pertes, espérant que d'autres feront le premier pas. La transition, en vérité, n'est pas un chemin balisé : c'est une traversée incertaine, où l'on doit apprendre à marcher sans carte.

CHAPITRE 3

Quand l'organisation se défend contre le changement

Les institutions ont leur propre inertie. Elles absorbent, détournent ou neutralisent ce qui les menace. Même les meilleures intentions se heurtent à des logiques contradictoires. Cette étape plonge dans les tensions systémiques : entre performance et sens, entre communication et action, entre gouvernance et terrain.

« On m'a demandé de choisir entre croissance et loyauté «

« J'ai triplé les effectifs, les résultats, les emplois. J'ai sauvé un établissement au bord de la faillite. Et pourtant, on m'a accusé d'avoir trahi. D'avoir invisibilisé. Comme si faire grandir un projet revenait à en abandonner un autre. Comme si réussir, c'était forcément trahir ».

L'entreprise face à des impératifs contradictoires

Le dirigeant ne peut aujourd'hui échapper aux enjeux de transition. Il ne le peut pas, d'abord parce qu'il y a des normes qui s'imposent à lui. Il est soumis à des obligations de transparence, à des déclarations extra-financières, et dans le cadre du dialogue social, il doit désormais intégrer les conséquences environnementales dans ses décisions de gestion. La loi Climat et résilience, à travers son article 40, modifie en ce sens le Code du travail. Il y est écrit que les représentants du personnel doivent pouvoir *« assurer une expression collective des salariés permettant la prise en compte permanente de leurs intérêts [...] notamment au regard des conséquences environnementales des décisions de l'entreprise »*.

Le dirigeant, contraint par ce cadre, ne peut donc ignorer les enjeux écologiques. Il ne peut les ignorer ni dans sa communication, ni dans sa stratégie, ni dans ses échanges avec les représentants du personnel. Mais, paradoxe, il lui est souvent plus difficile encore de les faire accepter par ses propres salariés. Et ce, quand bien même ceux-ci en reconnaissent l'importance.

Il y a, aujourd'hui, chez beaucoup de salariés, une conscience écologique. Une conscience sincère. Mieux encore, une attente. L'entreprise est attendue sur ces sujets. Les collaborateurs, dans leur grande majorité, souhaitent travailler dans une organisation engagée, exemplaire, porteuse d'une vision vertueuse pour la société et l'environnement. Mais, et ce *« mais »* est de taille, cette attente n'est pas sans condition. On veut que l'entreprise avance, qu'elle s'engage… mais sans trop nous solliciter. On veut bien que la transition ait lieu, oui, mais avec et sans nous. Avec nous, pour pouvoir dire qu'on y participe, que nous sommes des acteurs du changement. Sans nous, si cela implique de modifier nos habitudes ou de fournir un effort supplémentaire. Il ne faudrait pas que ça nous coûte trop. Ni en énergie. Ni en confort. Ni, a fortiori, en rémunération.

Ce que nous faisons dans les rayons du supermarché, lorsque nous choisissons le produit le moins cher, même s'il n'est ni bio ni local, tout en expliquant que nous préférons pourtant soutenir les circuits courts et les démarches responsables, nous le reproduisons d'une certaine façon au sein de notre entreprise. Nous cherchons à nous accommoder, à nous donner bonne conscience. Et pour cela, nous avons mille astuces. Nous nous disons, par exemple, que notre impact est dérisoire. Que les enjeux nous dépassent. Que d'autres agiront à notre place. Que si nous n'agissons pas très bien, au moins, nous ne faisons rien de franchement mal. Comme si l'inaction, par contraste, devenait une sorte de vertu. Une posture prudente. Ne pas nuire plutôt que faire l'effort de bien faire.

Sauf que cette forme d'abstention n'a rien de neutre. L'inaction, dans certaines circonstances, peut être condamnable, et pas seulement moralement. Elle peut l'être aussi légalement. Le droit le reconnaît d'ailleurs dans certains cas, comme celui de la non-assistance à personne en danger. Ce que la loi sanctionne ici, ce n'est pas l'agression, mais l'abstention. Le fait de ne pas intervenir. De ne pas faire ce qu'on aurait pu faire.

Le dirigeant, pris entre ces attentes contradictoires, celles du collectif et celles des individus qui le composent, se retrouve souvent en terrain glissant. Il doit répondre à un besoin de transformation structurelle, sans trop heurter les équilibres individuels. C'est dans cet entre-deux que s'installe la tentation du *greenwashing*. Ou du *socialwashing*. Des démarches qui affichent l'engagement sans nécessairement en produire les effets. On les critique souvent comme des stratégies de communication trompeuses à destination du consommateur. Mais ce sont aussi, et peut-être surtout, des réponses managériales à une équation impossible : satisfaire la demande de changement collectif sans générer d'inconfort individuel.

Dans ce contexte, on peut être tenté de faire un peu. Un peu, juste assez pour que tout le monde s'y retrouve. Juste assez pour afficher des engagements. Juste assez pour ne pas déranger les habitudes. On mise alors sur des actions symboliques, sur des gestes visibles, mais peu contraignants. On cherche un compromis entre l'exigence morale du collectif et les résistances pratiques de chacun. Entre attentes collectives et résistances individuelles, une tentation surgit : celle de faire semblant. De verdir l'image sans changer les pratiques. C'est là que commence le greenwashing.

Le *greenwashing* : immoral ou stratégique ?

La question de la moralité appliquée à l'entreprise est, en réalité, une question étrange. Car si l'entreprise a bien une existence propre, reconnue en droit sous le nom de personnalité morale, cela ne signifie pas pour autant qu'elle soit, à l'instar d'un individu, une entité capable de raison, de conscience, ou de choix éclairé. Certes, elle naît à une date précise, celle de sa création ; elle meurt lorsqu'elle est liquidée ou cesse son activité ; elle a un domicile, son siège social. Tout cela pourrait presque faire croire à une forme de vie. Mais il ne s'agit que d'une fiction juridique destinée à rendre possible l'exercice collectif d'une activité économique.

Si chaque entreprise est juridiquement distincte des autres, au même titre qu'aucun individu n'est en tout point semblable à un autre, il subsiste une différence fondamentale entre personnalité morale et personnalité physique : la capacité de raisonner. L'entreprise ne pense pas. Elle n'éprouve rien. Elle ne sait rien. Elle est une abstraction collective, une forme vide à laquelle des individus, eux bien réels, donnent consistance. L'entreprise n'a pas d'intention propre ; elle est ce que ses dirigeants en font.

Or, l'immoralité, pour être imputée, suppose à la fois connaissance et conscience. Il faut pouvoir savoir ce que l'on fait et en comprendre la portée pour que l'action puisse être qualifiée de morale ou d'immorale. C'est précisément pour cette raison que l'on considère qu'un très jeune enfant, aussi insupportable puisse-t-il être parfois, reste une petite tête d'ange : il agit sans discernement. Il ignore encore les catégories du bien et du mal. Son comportement peut être dérangeant, mais il est dépourvu d'intention malveillante. De la même manière, l'entreprise, qui n'a ni conscience ni capacité d'intention propre, ne peut être morale ni immorale. Elle est, en tant que structure, amorale.

Les seules règles auxquelles elle peut véritablement être tenue sont donc juridiques. Et lorsqu'on attribue à une entreprise une quelconque morale, c'est en réalité au dirigeant que l'on pense. C'est lui qui agit, qui oriente, qui choisit. Lui seul peut faire preuve de discernement. Lui seul peut engager la structure par sa signature, mais aussi, plus subtilement, par sa vision, ses décisions, ses actes. Dans une entreprise individuelle, cette confusion est encore plus manifeste : le dirigeant engage son propre patrimoine, son nom, parfois même sa réputation. L'entreprise devient une extension de sa personne. La morale de l'entreprise est donc, en définitive, celle de son dirigeant.

Mais encore faut-il s'entendre sur ce qu'on entend par *« morale »*. Et c'est là que les choses se compliquent. Car la morale n'est pas une norme stable et universelle comme peut l'être la règle de droit. Elle est relative, tributaire des cultures, des époques, des contextes sociaux. Ce qui était jugé immoral hier ne l'est plus nécessairement aujourd'hui, et l'inverse est tout aussi vrai. Dès lors, on comprend aisément qu'on ne puisse demander à un dirigeant d'être « moral » sans s'exposer à une foule d'interprétations contradictoires. On peut lui demander de respecter la loi, on peut l'inciter à adopter certaines postures, mais nul ne peut lui imposer une morale unique, tant cette notion est sujette à variations.

D'autant que ce dirigeant n'est pas seulement un citoyen ou un sujet moral : c'est un professionnel. Il est là pour piloter une activité, atteindre des objectifs, assurer la viabilité économique de la structure qu'il dirige. Rien, dans son contrat de travail ou dans son statut de mandataire, ne l'oblige à agir selon une morale. Il doit agir dans le cadre du droit, mais au-delà, tout relève de sa liberté personnelle. Vouloir imposer une morale, ce serait violer la liberté de conscience, voire tomber dans une forme d'injonction paradoxale, puisque chacun aurait sa propre définition de ce qui est bien ou mal.

C'est pourquoi, dans les textes les plus récents, comme la loi Pacte, on ne cherche plus tant à imposer une morale extérieure à l'entreprise qu'à inviter celle-ci à se doter elle-même d'une raison d'être, à se fixer librement des engagements qui dépassent sa simple fonction économique. L'entreprise à mission en est l'illustration. On ne commande pas la vertu : on propose un cadre pour qu'elle émerge.

Mais il faut être lucide. Cette autonomie morale laissée aux entreprises suppose que celles-ci, ou plutôt leurs dirigeants, prennent la peine de réfléchir à ce qui fait sens, à ce qui est juste, au-delà de ce qui est rentable. Et c'est là que le greenwashing entre en scène.

Le *greenwashing*, ou l'art de se faire passer pour vertueux sans changer réellement ses pratiques, n'est pas un simple outil marketing. Il est aussi parfois le symptôme d'une tension morale. Entre ce que l'entreprise dit et ce qu'elle fait. Entre l'image qu'elle projette et la réalité de ses choix économiques. Or, si l'on ne peut accuser l'entreprise d'être immorale, on peut très clairement interroger la sincérité morale de ceux qui la dirigent. Ce sont eux qui décident si la communication traduit une conviction ou camoufle une stratégie. Ce sont eux qui savent, ou non, s'ils sont dans l'action ou dans la mise en scène.

Alors, le *greenwashing* est-il immoral ? Non, pas en tant qu'acte porté par une structure abstraite. Mais oui, très probablement, s'il est le fait d'un dirigeant conscient de sa tromperie, qui instrumentalise la transition pour doper son image ou ses ventes. La frontière est ténue, mais elle existe : ce n'est pas l'entreprise qu'il faut interroger, c'est l'intention de celui qui agit en son nom. Derrière les apparences, une question demeure : que cherche-t-on vraiment ? À transformer sincèrement, ou à préserver l'ordre établi sous couvert de bonnes intentions ? L'intention, plus que l'action, devient alors le vrai révélateur.

Sincérité ou opportunisme ? L'intention derrière l'action

Il n'existe pas trente-six solutions pour intégrer les enjeux de transition dans l'entreprise. Il n'y en a qu'une : faire converger les aspirations collectives et les aspirations individuelles. Si l'on écarte le scénario de l'illusion, celui qui consiste à faire semblant plutôt qu'à engager un vrai changement, celui qui vise à entretenir l'apparence d'un engagement plutôt qu'un engagement sincère, il ne reste qu'un chemin possible : celui de la conviction.

C'est la voie que choisissent aujourd'hui beaucoup de dirigeants, en présentant leur projet d'entreprise à cinq ou dix ans. Ce projet est devenu un passage obligé. Ne pas en avoir suscite l'incompréhension, y compris de la part du banquier ou des autres partenaires financiers.

Le scénario est désormais bien rodé : grande réunion, convocation des collaborateurs, parfois présence de la presse, des supports bien calibrés par le service communication, et un vocabulaire soigneusement choisi pour ne heurter personne. Les discours sont pleins de valeurs universelles, de grandes orientations, d'axes et de finalités. Et ces valeurs sont si générales, si neutres, qu'elles pourraient convenir à presque n'importe quelle entreprise.

Et comment pourrait-il même en être autrement ? Nous évoluons dans une économie d'une interdépendance extrême, où les expertises sont partagées et l'information surabondante. De fait, toutes les entreprises empruntent à peu près la même direction : plus de numérique, plus de parts de marché, plus d'engagement sociétal et environnemental.

Cela ne signifie pas que le monde économique soit uniforme ou sans vitalité, bien au contraire. Tout va plus vite que jamais. Mais cette vitesse même rend illusoire la planification précise à long terme. Un projet d'entreprise à cinq ans, passe encore ; au-delà, c'est quasiment impossible. Et dans ces conditions, moins on est précis, plus on est sûr de ne pas se tromper.

Isaiah Berlin, dans son essai *Le Hérisson et le Renard*, distingue ceux qui voient le monde à travers une seule idée centrale (les hérissons), de ceux qui poursuivent de multiples objectifs en parallèle (les renards). Berlin suggère que les renards, grâce à leur approche souple et diversifiée, sont mieux armés pour affronter l'incertitude. C'est cette stratégie qui prédomine aujourd'hui dans les entreprises : ouvrir le champ des possibles plutôt que s'enfermer dans un plan rigide.

Ainsi, les conditions sont réunies pour que, à partir des mêmes données et des mêmes expertises, les entreprises prennent les mêmes orientations, tout en restant floues sur les moyens. En vérité, on ne trace plus une direction : on fixe un cap.

Et c'est bien pratique ! Car prendre une direction, c'est désigner des obstacles, susciter des craintes. Or, les salariés et leurs représentants syndicaux s'alarment dès qu'une stratégie est un peu trop précise, parce qu'ils en perçoivent immédiatement les risques, notamment sociaux. On ne peut d'ailleurs leur en vouloir : c'est leur mission première que d'alerter, de prévenir, de protéger. Il est de fait extrêmement rare qu'une orientation stratégique forte soit validée d'emblée par les syndicats.

Une orientation dessine un avenir. Mais l'avenir, par définition, est incertain. Et cette incertitude est tout le contraire de ce que recherchent les organisations syndicales, dont l'objectif est la sécurité. Voilà le plus grand écart entre un entrepreneur et un salarié : l'entrepreneur accepte le risque dans l'espoir d'un gain ; le salarié, lui, n'a rien à gagner à ce que son entreprise prenne des risques pour améliorer ses résultats économiques, sauf à être mieux rémunéré, mais il a potentiellement tout à y perdre, si l'entreprise se trompe dans ses choix et connaît l'échec, avec ses conséquences économiques et sociales.

Ces évidences sont trop souvent ignorées. Certains dirigeants continuent de penser qu'ils peuvent motiver leurs collaborateurs avec des objectifs de croissance, alors que la seule stratégie réellement mobilisatrice pour les salariés est celle qui améliore leurs conditions sociales. Dit autrement, le dirigeant poursuit des objectifs économiques alors que le salarié poursuit des objectifs sociaux. Or, l'un ne peut accepter les objectifs de l'autre que dans la mesure où ils lui profitent aussi. Le dirigeant n'augmentera les salaires que s'il y voit un levier pour attirer ou fidéliser les talents. Le salarié n'acceptera de travailler le week-end que s'il y trouve une compensation suffisante. Le résultat de l'entreprise, seul, ne le convaincra pas. Il faut donc une rencontre entre ces deux logiques, pour trouver un équilibre entre performance économique et progrès social.

Mais qu'en est-il si l'on s'intéresse aux enjeux de transition ? Le problème, c'est qu'ils ne profitent ni à l'un ni à l'autre à court terme. Ni aux employeurs, ni aux salariés. C'est pourquoi ils servent souvent de paravent. On les instrumentalise pour ne pas aborder certains sujets sociaux, ou au contraire pour faire avancer des revendications en s'appuyant sur l'écologie. Ainsi, on peut justifier le télétravail en partie par la réduction de l'empreinte carbone, et l'employeur l'accepte volontiers… parce que moins de salariés sur site, c'est moins de mètres carrés à chauffer, moins de charges fixes, et donc plus de marge.

Autrement dit, l'écologie a parfois bon dos. Peut-on parler de *greenwashing* ? Pas tout à fait. Ou alors à moitié. Car l'impact écologique est souvent réel, mais les intentions, elles, sont rarement désintéressées. En tout cas, salariés comme dirigeants savent très bien mobiliser l'argument écologique quand il sert leurs intérêts. C'est là la limite de nombre de politiques RSE : elles ne sont pas guidées par une conviction profonde, mais par des motivations opportunistes.

Et même les intentions les plus sincères se heurtent parfois à une réalité plus rude : celle du coût du changement. Car toute transition implique un effort, un renoncement, parfois un sacrifice.

Les maux de la transition : entre don, abandon et sacrifice

Dire que la préservation de l'environnement n'est pas la motivation première des dirigeants, pas plus que celle des salariés, ne signifie pas qu'ils s'en désintéressent. Bien au contraire, ils s'y intéressent, comme citoyens, comme individus dotés de valeurs morales, parce qu'ils souhaitent être et paraître vertueux, ou tout simplement parce qu'ils veulent pouvoir dire qu'ils font leur part. Mais ce niveau d'intérêt a ses limites, et rarement ces limites franchissent la barrière du sacrifice : sacrifier une part de son bénéfice, de sa rémunération ou de son confort au nom de l'écologie reste exceptionnel.

S'ils s'y intéressent dans l'entreprise, c'est aussi parce que le travail a changé. Il n'est plus seulement ce qu'on fait pour gagner sa vie, c'est aussi devenu, peu à peu, un espace d'expression de soi, de ses valeurs, de ses engagements. Autrement dit, les enjeux de transition ont pénétré l'entreprise parce que le rapport au travail s'est transformé.

Autrefois, lorsque la France était une France paysanne, vie privée et vie professionnelle ne faisaient qu'un. Travailler, c'était vivre ou plutôt vivre, c'était travailler. Le foyer, le champ, l'étable… formaient un même espace, un même temps. La question d'un équilibre vie pro/vie perso ne se posait pas, elle n'avait pas de sens.

Aujourd'hui, le salariat a redéfini les frontières. À 17h ou 18h, on ferme l'ordinateur, on rentre chez soi, et l'entreprise reste derrière nous. Du moins, en principe. Il est même de bon ton de le rappeler : certains dirigeants vont jusqu'à décaler leurs envois de mails pour qu'ils ne soient reçus que le lendemain matin, et on trouve de plus en plus cette mention dans les signatures : « *Ce mail n'appelle pas de réponse immédiate* ».

La frontière entre travail et vie personnelle est devenue une norme sociale, sanitaire, juridique, portée par les syndicats, relayée par les proches, recommandée par les médecins, intégrée dans le droit. Le droit à la déconnexion, les horaires encadrés, les plages de repos… tout converge pour sacraliser la séparation entre ces deux sphères. Mais cette frontière, aussi utile soit-elle en théorie, se heurte à une réalité simple : nous n'avons qu'une vie.

Croire que l'on peut dissocier totalement vie privée et vie professionnelle, c'est croire à une illusion. Car nous ne sommes pas deux personnes. Nous ne disposons pas d'un bouton ON/OFF. Et sauf à souffrir d'un trouble dissociatif sévère, on ne peut pas laisser son travail au bureau comme on y laisserait son parapluie. Nous pouvons, certes, ne pas répondre à nos mails, ne pas ouvrir notre agenda, mais nous ne pouvons pas désactiver les heures que nous venons de vivre. Ce que nous vivons au travail, nous l'emportons avec nous, même sans y penser. Et vouloir faire croire le contraire, c'est tromper, pire encore : c'est culpabiliser ceux qui n'y arrivent pas.

Le véritable enjeu, alors, n'est pas de séparer totalement, mais de relativiser, d'amortir les chocs, de ne pas laisser le professionnel coloniser tout le psychique. Cela passe, d'abord, par un minimum d'adhésion à ce qu'on fait. Si le travail pèse trop, s'il génère du stress ou du mal-être, il finira par tout envahir. Mais même lorsqu'il plaît, il reste une contrainte. C'est essentiel de le rappeler. Le travail est une contrainte, par essence. Il peut procurer des satisfactions, de la reconnaissance, parfois même du plaisir, mais il ne cessera jamais d'être une contrainte. Il implique des horaires, des objectifs, des délais, des obligations… autant de limites qui structurent mais qui restreignent aussi.

Ne pas voir cela, c'est nourrir des attentes irréalistes. C'est vouloir transformer le travail en une activité récréative, voire thérapeutique. Et c'est précisément ce vers quoi nous glissons aujourd'hui. Le travail ne suffit plus à gagner de quoi consommer ; il doit aussi faire sens, épanouir, guérir parfois. On lui demande d'être à la fois un outil et une finalité.

Et cette confusion se double d'une autre confusion : on attend du lieu de travail qu'il soit aussi agréable qu'un lieu de loisir. On voudrait qu'il ressemble à un centre de bien-être, un spa, une cure de ressourcement. Pourtant, il n'y a pas besoin de beaucoup réfléchir pour voir la différence. Dans un spa, on est pris en charge, on reçoit, on s'abandonne. Au travail, on agit, on donne.

C'est tout le sens de cette distinction entre s'abandonner, se donner, et s'adonner.

S'abandonner, c'est se laisser aller, sans retenue, dans les mains de l'autre, ou dans les bras de Morphée.

Se donner, c'est engager son énergie, son temps, sa concentration, et parfois c'est même se donner du mal.

S'adonner, c'est se consacrer à une tâche avec plaisir, sans contrainte apparente, mais avec attention.

Le travail relève d'abord du don, un don rétribué, justement parce qu'il comporte un effort. Même lorsque certaines tâches nous plaisent, même lorsqu'on pourrait les accomplir bénévolement, elles impliquent tout de même une attention, une vigilance, une part d'engagement qui fait qu'on ne peut s'y abandonner. Elles peuvent, certes, nous procurer de la satisfaction, mais elles n'ont rien à voir avec le lâcher-prise total d'une activité de loisir ou de repos.

Or aujourd'hui, les attentes vis-à-vis du travail confondent ces trois registres. On attend de pouvoir s'y adonner, comme à un *hobby* ; de pouvoir s'y abandonner, comme dans un cocon ; mais tout cela en étant rémunéré, bien entendu.

Et comme le bien-être psychologique passe aussi par la cohérence entre nos valeurs et nos actes, on attend de l'entreprise qu'elle soit engagée dans la transition sociétale et environnementale, qu'elle reflète nos convictions, qu'elle nous permette de nous reconnaître en elle. Mais cet engagement doit se faire sans effort trop grand, surtout pas au détriment de notre bien-être physique. Autrement dit, on veut agir pour le monde, mais sans en souffrir individuellement.

C'est ici qu'émerge le vrai paradoxe de la transition dans l'entreprise : tout le monde est d'accord sur les principes, mais personne ne veut en payer le prix. On accepte de participer, à condition que cela reste léger, gratifiant, valorisant. Une petite action symbolique ? Oui. Un réel effort ? Moins sûr.

La confusion des attentes, des mots, des registres produit une insatisfaction généralisée. Les salariés espèrent du travail du plaisir, du sens, de l'alignement. Les entreprises essaient de répondre, tant bien que mal, en adaptant les conditions, en soignant l'environnement. Mais le cœur du travail reste le même : une activité productive, un engagement personnel, une contrainte. Et dès lors que cette réalité est maquillée, qu'on fait croire qu'on peut s'épanouir au travail comme en vacances, le risque est grand : celui de désillusion, de frustration, de burn-out.

Ce qu'il faut retrouver, c'est la justesse du mot : comprendre quand on se donne, quand on s'adonne, et quand on espère s'abandonner. Sans cette clarté, la transition devient une quête de chimères, et l'entreprise, un lieu d'injonctions paradoxales où l'on finit par ne plus savoir ce qu'on attend de soi.

Et au centre, celui qui dans ce contexte doit concilier l'inconciliable, c'est le manager. C'est lui qui porte le changement, en assume la charge, et parfois, la solitude. C'est à lui que revient la tâche de tenir, malgré tout.

Ce qu'il faut garder en tête

Les institutions, comme les corps, développent leurs propres défenses. Elles absorbent, neutralisent, contournent ce qui les menace. Même les meilleures intentions se heurtent à des logiques internes, à des inerties bien huilées. Le greenwashing n'est pas toujours cynique : il est parfois le symptôme d'une impuissance à faire autrement. Le manager, pris entre des injonctions contradictoires, oscille entre sincérité et stratégie. Et les collaborateurs eux-mêmes, souvent conscients des enjeux, ne veulent pas toujours payer le prix du changement. La transition devient alors un théâtre : chacun y joue son rôle, sans toujours croire au scénario. Mais derrière les postures, une question demeure : que sommes-nous prêts à perdre pour que quelque chose change vraiment ? Car toute transformation suppose un effort, un déséquilibre, une prise de risque. Et c'est là que le mot transition révèle sa charge : il ne désigne pas seulement un passage, mais une tension.

CHAPITRE 4

Quand porter le changement, c'est porter la charge

Il arrive un moment où le porteur de changement se retrouve seul. Non pas parce qu'il l'a voulu, mais parce que les responsabilités se concentrent, les soutiens s'effritent, et les décisions deviennent des fardeaux. Ce chapitre explore cette solitude particulière : celle du dirigeant qui persiste, malgré tout.

« Diriger, c'est parfois être seul contre tous »

« On parle souvent de management participatif, de co-construction, de gouvernance partagée. J'y ai cru. J'ai voulu y croire. Mais j'ai découvert que plus on partage les décisions, plus on dilue les responsabilités. Et quand vient le moment de trancher, il ne reste souvent qu'un seul nom sur lequel retombe tout : celui du dirigeant ».

Le rôle particulier des managers de transition

Nous n'avons jamais eu autant besoin de managers, ils n'ont jamais été aussi nombreux, et ils ne l'ont jamais été aussi peu. Manager, c'est gérer. Autrement dit, c'est affecter des moyens de manière optimale (de l'argent, des outils…, mais aussi bien sûr de l'humain) pour atteindre un but.

Des managers, nous n'en avons jamais eu autant : c'est à corréler très directement avec l'élévation du nombre et du niveau des diplômés. Il y a de plus en plus de jeunes à entreprendre des études en enseignement supérieur et de plus en plus d'écoles de management, autrefois appelées écoles de commerce. À la fois, l'intitulé même de l'école dans laquelle de nombreux étudiants sont inscrits (école de management) et le niveau de leur formation justifient qu'ils veuillent être managers. Pour autant, outre le fait qu'au vu du nombre de jeunes formés à bac+5 aujourd'hui, nous avons des managers qui managent des managers ou de futurs managers, il y a une négation de tout un pan du management par les écoles de management et par les sortants de ces écoles, tout un pan de ce qu'est ou devrait être le management.

Pour manager sont ainsi utilisés un certain nombre d'outils qui doivent nous permettre de structurer notre pensée à travers notamment le traitement de l'information. En général, les managers les connaissent assez bien, et tout particulièrement les nouvelles générations de managers. Parmi les plus répandus, il y a les diagrammes de Gant, les SWOT… qui sont quelque part des matrices au service de l'analyse et de la résolution de problèmes, de la conduite de projets. Ces outils sont pratiques à plus d'un titre. Que ce soit du côté des managers en poste ou de ceux qui aspirent à le devenir, chacun les maîtrise, s'accorde sur leur pertinence et leur utilisation, ce qui fait que ce qu'il en ressort n'est pas ou peu contesté. Pour cette raison même, et parce qu'il y a un côté sécurisant à se reposer sur des outils incontestés pour prendre une décision, des orientations, ou établir un plan d'actions, on les utilise parfois même à l'excès. La moindre décision, la moindre planification, aussi minime soit-elle, peut être prise en considération aujourd'hui de ces matrices qu'on met en musique de manière identique pour une question complexe ou pour une question d'une simplicité confondante. C'est ainsi que certains peuvent établir des tableaux avec quinze colonnes et vingt-cinq lignes pour une question d'une grande banalité et qui aurait mérité dix à quinze minutes de réflexion et d'échange au maximum.

Si l'on admet que le manager est quelqu'un dans l'entreprise qui doit prendre des décisions opérationnelles, par définition nombreuses, et qu'il doit les prendre rapidement puisqu'elles relèvent de l'opérationnel et donc du quotidien, c'est déjà un premier problème. L'outil censé simplifier la prise de décision est un outil qui la complexifie parce qu'il n'est pas adapté en l'espèce.

Souhaitons-nous par ailleurs être managers, gérer, diriger… par la technique uniquement ? Non évidemment. Il faut donc bien pour éviter qu'il en soit ainsi que les outils restent au service du manager, mais que le manager ne se transforme pas en ouvrier spécialisé. Autrement dit, celui-ci doit, au-delà de ce que lui révèle les outils au service du management, continuer encore et toujours à se poser des questions, c'est la condition *sine qua none* pour apporter de la nuance et sortir des sentiers battus, autrement dit pour être un bon manager au sens de manager humain.

Ne nous y trompons pas, un manager humain n'est pas pour autant, comme on l'entend souvent, un manager qui serait nécessairement bienveillant, sympathique, compréhensif. Ce sont là des qualités humaines, certes, mais ce ne sont pas des qualités propres au manager. Le caractère humain du manager doit s'exprimer ailleurs, dans des compétences de management, sinon ce n'est pas le manager mais l'Homme qu'on juge ainsi. Or, un Homme aussi bon soit-il peut-être un piètre manager, et réciproquement ! Le manager humain, c'est celui qui maîtrise ce qu'on nomme aujourd'hui les *softs skills*. Ce sont ces compétences d'empathie, de communication, de créativité, de *leadership*... au service du management et dont aucune machine, aucun outil ne pourra jamais se prévaloir.

Si les managers sont parfois de piètres managers, c'est précisément parce qu'ils veulent transformer en sciences ce qui relève d'une activité humaine et sociale ou bien encore qu'ils confondent les compétences humaines à mobiliser dans le management avec les qualités humaines d'un individu. Dans un cas comme dans l'autre, ils se trompent !

Le management n'est ni l'un ni l'autre, il se situe entre les deux, dans un espace de moins en moins occupé, au confluent de compétences techniques et de compétences non-techniques. C'est cette indétermination qui rend le métier de dirigeant ou de manager si complexe ; il est à la fois ce qu'il n'est pas.

Et c'est dans ce flou que le manager doit arbitrer et prendre des décisions assurées. Or, c'est d'autant moins aisé que de surcroît, dans un monde qui valorise la collaboration, l'autorité devient suspecte. Jusqu'à être parfois refusée.

Le refus de l'autorité jusqu'au refus de decider

Ce qui caractérise l'autorité d'un individu, c'est sa capacité à s'imposer aux autres. Cette autorité peut être liée à un statut, celui à qui l'on attribue le rôle de chef ou de sous-chef a autorité sur les autres, mais cette autorité peut être aussi naturelle. Il y a des hommes et des femmes qui, par leur manière de dire ou d'être, s'imposent et imposent leurs idées sans que, pour autant, rien ne les légitime a priori. Ils ont le même grade, les mêmes prérogatives que les autres, mais naturellement, autrement dit sans artifice lié à une valorisation par le statut, c'est leur voix qui s'impose sur toutes les autres.

La conséquence de l'autorité, c'est le pouvoir. L'un ne va pas sans l'autre. Autrement dit, l'autorité, légitimée ou non par un statut, est autorité à partir du moment où elle s'impose aux autres, et si elle s'impose aux autres, c'est qu'elle confère un pouvoir à un individu sur un autre individu ou sur plusieurs autres individus. Ce pouvoir, c'est précisément ce qui conduit en entreprise à ce qu'un salarié ou un groupe de salarié soit amené à se soumettre à un supérieur hiérarchique.

Cette idée assez simple de l'exercice de la relation hiérarchique est de moins en moins acceptée aujourd'hui par les salariés, et en cela rien d'étonnant, puisqu'ils y sont soumis et que personne n'aime être en situation de soumission. Mais plus surprenant, l'autorité peut ne pas être acceptée par les managers eux-mêmes. Pourquoi ? Parce qu'elle symbolise une forme d'entrave à la liberté ou plus modestement à l'autonomie du travailleur, et qu'il est de bon ton, admis de tous aujourd'hui et y compris par de nombreux managers eux-mêmes, que le management ne doit en rien entraver l'une ou l'autre, la liberté ou l'autonomie. Certes, en entreprise, il s'agit d'une limitation ou d'une entrave en partie consentie au travers un contrat de travail signé par le salarié lui-même, mais à la norme législative provenant du contrat de travail s'oppose de plus en plus une autre norme, morale ou sociale celle-ci, qui fait que dans notre société, et donc dans les entreprises aussi, les valeurs d'égalité et d'équité amènent souvent à requestionner faussement le rôle du Chef.

C'est autrement dit parce que nous serions tous égaux et libres, et parce qu'en quelque circonstance que ce soit, nous devons tous être traités de la même manière, que l'autorité n'aurait plus le droit de cité en entreprise. Le raisonnement est louable en un sens, tant il se veut guidé par des principes moraux indiscutables, mais il est faux.

Faux, parce que le principe d'égalité ne devrait pas conduire à remettre en cause la logique selon laquelle on puisse se faire déposséder de son pouvoir de décision au profit d'un supérieur hiérarchique dans le cadre d'une relation de travail. Ce transfert pourrait être une remise en cause du principe d'égalité si, et seulement si, tout le monde ne pouvait pas accéder au pouvoir, autrement dit au rôle de chef, à partir de critères objectifs. Or, dans la très grande majorité des cas, le chef n'est pas chef par hasard, ni même parce qu'il aurait bénéficié d'un traitement de faveur, il l'est au regard d'un CV, d'une candidature… et d'une procédure de recrutement au cours de laquelle chaque candidat aura eu sa chance.

Faux, ensuite, parce que l'équité ne signifie pas que tout le monde doit être traité de la même façon indépendamment de ses fonctions. L'équité suppose que chacun soit traité selon ce qu'il fait, et non selon ce qu'il est. Or, ce qui distingue celui qui exerce l'autorité de celui qui la reçoit, c'est précisément la nature de leurs responsabilités respectives.

En confondant ainsi morale et droit, on en arrive à disqualifier à tort l'exercice de l'autorité. Or, un manager qui renonce à son autorité ne devient pas plus vertueux ; il manque même d'une certaine manière à ses devoirs en ne faisant plus ce pour quoi il a été recruté, et qu'il s'est engagé à faire en signant son contrat.

Dans une organisation, quelle qu'elle soit, un État ou une entreprise, quand chacun peut décider de tout, c'est ce qu'on appelle l'anarchie, avec ce que cela suggère comme cacophonie ou désordre organisationnel. Pour y remédier, au sein d'un État, le citoyen se soumet à l'autorité du pouvoir à travers ce qu'on nomme le contrat social. Pour y remédier, au sein d'une entreprise, le salarié se soumet à l'autorité du pouvoir à travers ce qu'on nomme le contrat de travail. Si les termes du contrat ou les modalités d'exercice du pouvoir ne lui conviennent pas, au sein d'un État, le citoyen élit de nouveaux représentants. Si les modalités de l'exercice du pouvoir ne lui conviennent pas au sein d'une entreprise, le salarié rompt son contrat de travail.

Le principe de l'efficacité, en entreprise, repose sur la convergence des efforts en une même direction, dans un espace et selon un calendrier précis. Autrement dit, pour produire collectivement un résultat, il faut un guide qui imprime la cadence.

Oui, mais celui qui guide et qui imprime peut ne pas être celui qui décide ou à tout le moins qui décide seul. Et c'est en effet ce qui se met de plus en plus en place aujourd'hui dans les organisations, où on délègue le pouvoir d'organiser à un Homme, le chef, mais pour donner suite à une décision qui, elle, aura été coconstruite, validée par l'ensemble des collaborateurs. Et pourquoi pas, après tout ? On voit bien tout le bénéfice d'une telle décision collégiale pour l'adhésion à la décision. Mais au-delà de l'adhésion, qui est indiscutablement une vertu et un gage de motivation, donc d'efficacité, se pose quand même un autre problème qu'on ne peut ignorer. Il doit y avoir pour toute décision ou action un responsable. S'il n'y a pas de responsable, les décisions ne sont plus des décisions responsables, ce sont des décisions qui conviennent au plus grand nombre. Or, les convenances de chacun, lorsqu'elles se traduisent dans la décision la plus populaire, sont-elles cohérentes au regard des objectifs de l'organisation et donc de la gouvernance ? Rien n'est moins sûr…

C'est ainsi que se transformant en porte-voix de leurs équipes, on peut observer aujourd'hui que nombre de managers pilotent sans réels objectifs, ou qu'ils se fixent des objectifs qui ne sont pas économiquement réalistes ou pertinents, ceux du collectif de travail. Or, quelle est la fonction du manager si ce n'est d'atteindre des objectifs à partir de moyens qu'on lui a alloués ?

Dans l'hypothèse d'objectifs émanant du collectif, certes, il y a bien des résultats à atteindre dont le manager peut se sentir responsable, mais il deviendra alors comptable des objectifs qu'il n'a pas lui-même fixés, et de décisions qu'il n'aura pas prises. C'est ce qui s'appelle payer ou être payé pour les autres. Payer pour les autres quand je me fais critiquer par ma hiérarchie pour ne pas avoir obtenu de bons résultats au regard d'objectifs qui n'étaient pas les bons, être payé pour les autres quand, par chance, tout va bien, et que les résultats sont au rendez-vous, sans que je n'aie eu à exercer mon autorité et notamment mon pouvoir de décision, tel que le prévoit mon statut. Dans un cas comme dans l'autre, reconnaissons-le, ce n'est pas très moral non plus !

C'est là que réside une confusion fondamentale : animer une équipe n'est pas manager une équipe. L'animateur cherche à favoriser le bien-être de chacun, quitte à reléguer les objectifs au second plan. Le manager, lui, place la réussite collective au-dessus des intérêts individuels, tout en tenant compte des conditions de travail.

C'est pourquoi on trouve des animateurs dans les centres de loisirs, et des managers dans les entreprises. Les intitulés sont clairs, et leurs finalités différentes. Pourtant, dans certaines organisations, cette distinction s'efface, comme si l'entreprise n'avait plus d'autre finalité que celle de satisfaire les individus qui la composent.

Et dans cette confusion des rôles, le collectif devient un refuge… mais aussi un piège.

Le problème posé par l'absence d'autocritique

Parmi les qualités essentielles que doit posséder un manager, l'autocritique est probablement l'une des plus importantes. C'est la capacité à prendre du recul sur soi-même, sur sa façon d'être, de diriger, sur les résultats de son équipe, sur les réussites comme sur les échecs. Sans cette aptitude à l'analyse personnelle, il n'y a ni progression ni efficacité durable.

Certes, on peut parfois réussir par chance, mais le management ne repose pas sur la chance. C'est une compétence, et comme toute compétence, elle s'apprend, se travaille, se perfectionne. Pour reprendre la définition de Philippe Perrenoud, une compétence est « une capacité d'action efficace face à une famille de situations que l'on maîtrise parce qu'on dispose à la fois des connaissances nécessaires et de la capacité à les mobiliser à bon escient, en temps opportun, pour identifier et résoudre de vrais problems ».

Or, trop souvent, lorsqu'un objectif n'est pas atteint, le manager rejette la faute ailleurs : sur un salarié, sur les circonstances, sur un imprévu. Il s'arrête là dans son analyse, comme si l'échec était extérieur, inévitable, voire anecdotique. Et si cela se reproduit, on en conclura qu'il faut se séparer du collaborateur fautif.

Mais ce raisonnement est incomplet. Oui, un salarié peut mal faire son travail. Oui, un imprévu peut perturber le déroulement d'un projet. Mais justement : le rôle du manager est de faire face à ces aléas. Il n'est pas là pour exécuter un plan parfait dans un monde parfait. Il est là pour piloter dans l'incertain, gérer, compenser les écarts, recadrer, mobiliser, et adapter.

En ce sens, lorsque les résultats ne sont pas atteints, le manager est toujours plus responsable que le salarié. Un salarié peut se tromper : c'est humain, et c'est même attendu dans une certaine mesure. Mais le manager, lui, est là pour que ces erreurs n'empêchent pas l'équipe d'avancer. Si lui-même échoue à ce rôle, il ne répond plus à la mission qui justifie son poste. On peut le dire simplement : le manager n'existe que parce que le salarié défaillant existe.

Et c'est justement cette défaillance possible, normale, prévisible qui impose au manager de faire preuve d'autocritique. Car refuser de se remettre en question, c'est refuser de jouer pleinement son rôle.

Une entreprise, c'est un collectif, mais ce sont, ou ce devrait être, aussi des individus responsables.

Les limites du tout-collaboratif

Le travail collaboratif est devenu la norme dans les entreprises modernes. Une étude de la *Harvard Business Review* publiée en 2024 montre que le temps passé en collaboration a bondi de plus de 50 % en vingt ans. Ce changement s'accompagne d'une tendance forte à vouloir *« vivre l'entreprise comme une famille ! »* Cette métaphore, devenue un véritable refrain par endroit, est séduisante, mais elle masque une réalité essentielle : la famille et l'entreprise ne répondent pas aux mêmes logiques.

La famille repose avant tout sur des liens affectifs et sociaux. L'amour, la confiance, le soutien mutuel sont ses fondations. Elle a pour mission d'élever, d'éduquer ses membres, sans objectif de performance mesurable. En famille, prendre le temps de se réunir pour discuter, décider, ou simplement partager un repas, est un temps social précieux, un temps *« non perdu »*. Ces moments renforcent le lien, favorisent la compréhension et participent à l'épanouissement de chacun. Par exemple, décider ensemble d'acheter une maison ou d'organiser les vacances n'est pas une réunion économique mais un moment de partage où l'on construit du sens commun.

En entreprise, en revanche, le temps est compté autrement. Le travail collaboratif est souvent réduit à une succession de réunions dont le coût est tangible. Chaque réunion mobilise des salariés rémunérés, détourne du travail productif, et peut freiner la prise de décision si elle s'éternise sur des détails sans enjeu réel. Contrairement à la famille, où le temps passé ensemble est un investissement social sans contrepartie économique immédiate, une réunion d'entreprise mal ciblée est un coût, direct et indirect, pour l'entreprise.

Le mot *« collaborative »* vient du latin *collaborare*, qui signifie littéralement *« travailler avec »*. Collaborer, ce n'est donc pas seulement se parler ou partager des opinions. C'est avancer ensemble, produire ensemble, faire le travail ensemble. Et cela ne se limite pas à passer des heures en réunion. Trop souvent, le collaboratif est réduit à la seule prise de décision en groupe, sans penser au travail réel d'exécution qui suit.

Le piège du tout collaboratif, c'est aussi l'illusion que toutes les voix se valent. Comme dans une famille où parfois l'opinion d'un enfant est prise au sérieux au-delà de son âge ou de son expérience, en entreprise, chacun peut être tenté de croire que son avis a autant de poids que celui d'un expert. C'est particulièrement visible dans des domaines « familiers », ceux de la communication, par exemple, où chacun se sent compétent simplement parce qu'il est usager des réseaux sociaux ou consommateur de médias. Mettre vingt personnes autour d'une table pour décider d'une stratégie de communication sans tenir compte de leur expertise, c'est pourtant risquer un résultat faible, voire contre-productif.

Cette quête d'inclusion permanente entraîne une multiplication des réunions, souvent longues, qui peuvent rapidement devenir improductives. On se retrouve à discuter de sujets anecdotiques ou à refaire plusieurs fois les mêmes points parce que personne n'a préparé les documents nécessaires. Un directeur financier pourrait témoigner que trop souvent, ses réunions de suivi budgétaire tournent au règlement de comptes entre services, alors que l'urgence serait d'agir rapidement par des décisions claires. Ou une équipe marketing pourrait se retrouver paralysée par une réunion où chacun donne son avis sur la couleur d'un logo, sans véritable orientation stratégique.

Au-delà du temps perdu, il y a un vrai risque de dilution des responsabilités. Quand une décision est collective, il devient plus facile pour chacun d'en éviter la responsabilité. Si l'équipe réussit, tout le monde s'en attribue le mérite ; si elle échoue, chacun peut se défausser en disant *« ce n'était pas ma décision »*. Ce flou nuit à la clarté du management et affaiblit la capacité à tirer des enseignements de ses réussites et de ses échecs.

Le collaboratif peut aussi freiner l'innovation. Le groupe tend à privilégier le consensus, ce qui favorise la stabilité au détriment des idées originales ou des prises de risque.

On oublie qu'une entreprise n'est pas une démocratie : c'est même en quelque sorte une *« dictature consentie »*. Le dirigeant, qui porte le projet, le risque et la responsabilité finale, doit pouvoir trancher. Ce pouvoir est bien entendu encadré par le droit du travail, garantissant un équilibre entre autorité et protection des salariés (et c'est heureux), mais il reste indispensable pour avancer.

De fait, le management collaboratif est une méthode précieuse, mais pas une panacée. Elle doit s'adapter aux situations, aux profils, aux objectifs. L'équilibre entre inclusion et autorité, entre temps social et temps économique, est la clé. Oublier cela, c'est risquer l'immobilisme, la confusion et la perte d'efficacité.

Le refus de voir dans le projet un chemin aléatoire

Ce qui doit différencier un dirigeant d'un salarié, c'est sa capacité à faire face à l'imprévu. Même s'il n'est pas toujours calme ou confiant, il doit garder son sang-froid et prendre les meilleures décisions possibles. C'est cela qu'on appelle le *leadership* : savoir réagir dans les tempêtes, guider les autres, montrer la voie. Le leadership, ce n'est pas seulement un talent, c'est aussi une compétence à développer.

Mais dans un monde où l'expertise technique est de plus en plus présente, on voit aujourd'hui moins de leaders et plus de gestionnaires. Beaucoup de managers modernes savent bien planifier, organiser, gérer… mais sont moins à l'aise quand surgit l'inattendu.

La grande différence entre un manager-gestionnaire et un manager-entrepreneur, c'est leur rapport au risque et à l'aléa. Le premier cherche à tout prévoir, à tout maîtriser en amont pour éviter les imprévus. Il rêve d'un monde sans surprise. Or, cela n'est ni réaliste ni possible. Les imprévus, par définition, ne dépendent pas de nous. On ne peut pas tous les anticiper. Ce ne sont pas des scénarios prévus, ce sont des éléments extérieurs, incontrôlables.

Le problème, c'est que le manager-gestionnaire qui se retrouve face à un imprévu qu'il n'avait pas envisagé, peut paniquer, tergiverser, ou manquer de discernement. Il perd sa capacité à s'adapter, et n'arrive pas à rassurer son équipe.

Le manager-entrepreneur, lui, a un tout autre état d'esprit : il attend l'imprévu. Il sait qu'il surviendra, même s'il ne sait ni quand ni comment. Et surtout, il le voit comme une opportunité. Une occasion de se différencier, d'innover, de montrer sa valeur. Pour lui, un imprévu est une porte ouverte sur la créativité, là où le manager-gestionnaire ne voit qu'un problème à régler.

C'est une question d'attitude et de philosophie. Le manager-entrepreneur pense un peu comme les stoïciens, ces philosophes qui voyaient dans les difficultés des occasions de progresser. L'empereur Marc Aurèle, par exemple, écrivait : *« Le bonheur de ta vie dépend de la qualité de tes pensées »*. Cela signifie qu'une même situation imprévue, stressante ou difficile, peut être vue comme une menace ou comme une chance, selon notre façon de penser.

Bref, tout projet comporte une part d'aléa, une part d'inconnu. Refuser de l'admettre, c'est préparer ses propres échecs. L'accepter, au contraire, c'est ce qui permet de développer un vrai leadership.

Accepter l'aléa, c'est une chose essentielle pour un manager ! Mais au-delà de cette qualité qu'il doit travailler, singulièrement en période de transition, encore lui faut-il pouvoir embarquer les autres sur de nouveaux chemins. Et cela suppose de comprendre ce qui les anime : leur conscience professionnelle, leur besoin de sens, leur rapport au travail.

Faire avec la conscience professionnelle de ses collaborateurs

L'un des rôles les plus cruciaux, et pourtant parfois sous-estimés, du manager, notamment en période de transition, est celui de passeur de sens. Communiquer ne se réduit pas, dans ce contexte, à transmettre de l'information ou à accompagner un simple changement de cap organisationnel : c'est donner à voir une direction, rendre tangible un horizon parfois flou, et, surtout, rendre désirable un effort à venir.

Changer, c'est emprunter un chemin nouveau. Et l'on sait combien l'inconnu, s'il n'est pas apprivoisé, peut susciter du repli, de la méfiance ou de l'immobilisme. Quand les repères habituels vacillent, la parole managériale devient un point d'ancrage. Elle éclaire le sens du mouvement, en montre la cohérence, et elle doit chercher à articuler ce que l'on perd à ce que l'on peut espérer gagner.

Dans les périodes de stabilité, la communication n'est certes pas inutile, mais elle vise avant tout à préserver le sens de l'action. Car l'on peut faire les choses mécaniquement, sans plus savoir pourquoi on les fait. Et à force d'oublier la finalité, on s'éloigne de l'essentiel : le lien entre nos gestes quotidiens et leur portée collective.

L'humain, contrairement à la machine, ne se satisfait pas d'exécuter sans comprendre. Il a besoin de percevoir la signification de ce qu'il fait, d'en saisir les enjeux, même modestes. C'est ce besoin de comprendre qui fonde ce que l'on appelle, trop souvent à tort, la conscience professionnelle.

On la réduit à une simple disposition à bien faire son travail. Mais cette définition est insuffisante. La conscience professionnelle, en réalité, est une lucidité : celle de savoir quel rôle l'on joue, pourquoi on agit, et quelles conséquences découlent de nos actes. Elle est un regard porté sur soi-même dans le tissu de l'organisation. Elle engage la personne tout entière, non pas comme un rouage, mais comme un acteur doté de discernement.

Et c'est là que surgit un paradoxe trop peu évoqué : il arrive que cette conscience, quand elle est trop aiguë, devienne un obstacle. Non pas par excès de rigueur, mais par clairvoyance. Lorsque le salarié prend pleinement la mesure de la vacuité, ou de l'accessoire, de ce qu'on lui demande, il peut se désengager. Non par négligence ou paresse, mais parce qu'il voit que n'importe qui pourrait faire ce qu'il fait, ou qu'aucun sens véritable ne soutient son action.

Le manager se trouve alors face à un dilemme : doit-il raviver le sentiment d'importance chez ceux qui peinent à voir leur utilité ? Ou, à l'inverse, doit-il atténuer la lucidité de ceux dont les tâches manquent de reconnaissance ou d'enjeu, pour ne pas les voir sombrer dans la démotivation ? La tentation peut être grande de survaloriser certaines fonctions, de donner une importance symbolique à ce qui en a peu. Mais est-ce encore du management, ou commence-t-on à frôler la manipulation ?

C'est ici qu'une question éthique surgit, lourde de conséquences : ne vaudrait-il pas mieux, dans certains cas, confier ces tâches basiques à des machines ? Une machine n'a ni ego, ni fierté, ni conscience blessée. Elle accomplit ce qu'on lui demande, sans attentes. Elle ne se lasse pas, ne doute pas, ne remet pas en cause la finalité de son labeur. Et surtout, elle ne souffre pas du manque de sens. Mais un collaborateur, lui, oui.

Dès lors, en période de transition, quand les certitudes vacillent et que les organisations s'ébranlent pour se réinventer, la communication ne peut plus être accessoire. Elle devient un levier stratégique, presque vital. Il faut expliquer, expliciter, contextualiser. Il faut faire sentir ce que le changement promet, pas seulement ce qu'il exige. Car si les efforts demandés apparaissent comme des contraintes supplémentaires, sans perspective de gain, le travail devient une épreuve sans horizon. Et c'est à ce moment précis que l'on perd non seulement la motivation, mais aussi cette conscience professionnelle qui, jusque-là, tenait lieu de boussole.

La responsabilité du manager est alors immense : il doit traduire la vision stratégique du dirigeant dans une langue audible par les équipes. Or, ce qui est un gain pour l'entreprise ne l'est pas toujours pour le salarié. Il lui faut donc réconcilier les deux échelles de lecture, celle du système et celle de l'individu. Le manager devient interprète, médiateur, passeur de sens.

Et c'est peut-être cela, au fond, le cœur de son métier : non pas commander, mais éclairer ; non pas imposer, mais susciter l'adhésion ; non pas seulement organiser le travail, mais rendre le travail humainement habitable.

Et dans une organisation, cela passe autant par les discours officiels que par les échanges informels.

Communication formelle et informelle pour une transition réussie

Dans toute période de transition, la communication n'est pas un simple accompagnement : elle est un levier stratégique. Et pour le manager, il ne s'agit pas seulement de parler, mais de structurer, rythmer et incarner la parole. Il doit combiner deux registres complémentaires : la communication formelle, d'une part, et les échanges informels, d'autre part.

Dès l'annonce d'un changement, il est essentiel d'instaurer un cadre formel clair : une réunion, un ordre du jour, un message partagé par tous, un compte-rendu. Ce temps solennel est celui où l'on maîtrise le récit du changement. Une parole unique, même imparfaite, vaut mieux qu'une multitude de versions approximatives. Car ce qui n'est pas dit officiellement s'invente ailleurs : dans les couloirs, sur les messageries, à la pause… Et dans ce foisonnement d'interprétations, l'intention initiale du changement se dilue.

Mais un message, aussi bien formulé soit-il, entre souvent en tension avec la réalité vécue. Le terrain, par nature, résiste à l'idéal. Les écarts entre ce qui a été annoncé et ce qui se vit concrètement suscitent des doutes, des malentendus, parfois de la défiance. C'est ici que la communication informelle devient cruciale.

Le manager qui réussit sa transition est celui qui sait sortir de son bureau, qui circule, qui écoute, qui répond. Il capte les signaux faibles à la machine à café, il rassure autour d'un plateau-repas, il ajuste un mot entendu en réunion par une explication plus incarnée, plus directe. Ces moments, souvent discrets, n'ont rien d'anodin : ils permettent de désamorcer des tensions naissantes, d'ajuster la trajectoire au fil de l'eau, de ré-humaniser la parole managériale.

Il faut, pour autant, c'est une évidence, veiller à l'équilibre : un manager constamment en conversation informelle révèle peut-être une carence de clarté dans le discours officiel. C'est alors le signal qu'il faut revenir à un temps collectif, pour réaffirmer le cap, redonner de la cohérence au changement, remettre tous les esprits sur la même fréquence.

Un bon manager ne choisit pas entre le discours structuré et l'échange spontané. Il orchestre les deux, avec discernement. Car c'est dans cette alternance, entre parole institutionnelle et écoute de proximité, que se joue une transition réussie, à la fois comprise, acceptée et portée.

Mais même la meilleure communication, certes indispensable, ne suffira pas si le cadre lui-même ne change pas. Et demain, ce cadre organisationnel pourrait bien être redéfini en effet par une nouvelle figure : celle de l'entrepreneur… ou de l'intrapreneur.

Vers un monde d'entrepreneurs et d'intrapreneurs

L'entreprise de demain, ce sera d'abord plus d'entreprises. Déjà, un quart des étudiants déclarent s'intéresser à la création d'entreprise. C'est un chiffre significatif. Si chacun d'eux concrétisait ce projet, un quart de la population active pourrait devenir entrepreneur. Une telle évolution, bien que radicale en apparence, n'est pas invraisemblable. En France, le nombre de créations d'entreprises a connu une forte croissance ces dernières années, notamment grâce au statut d'autoentrepreneur. Et ce phénomène n'est pas propre à la France : aux États-Unis, on dénombre plus de 31 millions d'entrepreneurs, soit environ 20 % de la main-d'œuvre.

Cette dynamique s'inscrit dans la continuité du libéralisme économique, au cœur des sociétés occidentales depuis plusieurs décennies. Et autrement dit, face aux dérives de ce système économique, la solution n'est pas nécessairement une surproduction de normes ou l'extension du champ juridique du préjudice. Une inflation réglementaire risquerait d'étouffer l'initiative et de fragiliser davantage l'esprit d'entreprise. D'autant que certains déséquilibres liés à l'exercice du pouvoir ne relèvent pas de la fraude, ce qui rend leur encadrement juridique complexe. Par exemple, à partir de quand un entrepreneur concentre-t-il *« trop »* de pouvoir, au point de devoir être limité, sanctionné ou exproprié ?

Si la liberté est à préserver et si les normes ne doivent pas proliférer au risque d'en limiter l'expression, alors une autre solution émerge : élargir l'accès au pouvoir plutôt que de tenter de le réduire. Autrement dit, au lieu de vouloir affaiblir les dirigeants, rendons le statut de dirigeant plus accessible. Le partage du pouvoir économique ne passe pas nécessairement par sa redistribution forcée, mais par l'ouverture des possibilités d'entreprendre.

Aujourd'hui encore, se lancer reste difficile : il faut des capitaux, la prise de risque est élevée, les freins nombreux. Pourtant, de nombreux salariés expriment un désir d'autonomie, voire un refus du salariat. Le statut d'entrepreneur répond à leur attente : il permet de choisir ses horaires, son mode d'organisation, son rythme. Devenir entrepreneur, ce n'est pas forcément travailler moins, mais c'est travailler autrement, en étant acteur de ses choix et responsable de leurs conséquences. Cette autonomie, inaccessible dans le cadre classique du contrat de travail, incarne une forme aboutie de liberté.

Dans cette optique, une société libérale constituée d'un grand nombre d'entrepreneurs serait une société plus libre, moins contrainte par les règles du salariat. Les nouvelles formes de gouvernance dans les entreprises, visant à atténuer les effets de la hiérarchie ou à favoriser la participation, ne sont de ce point de vue que des compromis imparfaits, souvent chronophages, peu efficaces, et marqués par des tensions permanentes entre attentes et réalités.

Le libéralisme économique, entendu comme liberté d'entreprendre, pourrait ainsi ouvrir la voie à une liberté sociale accrue. Ce que certains expriment aujourd'hui dans les revendications au travail (décider, choisir son rythme, trouver du sens, gagner en autonomie) relève, fondamentalement, d'un désir de devenir dirigeant. Quel autre statut permet autant de liberté, de maîtrise de son cadre de travail, de responsabilité et d'indépendance ?

Historiquement, les luttes sociales ont d'abord porté sur la réduction du temps de travail, puis sur l'amélioration des conditions de travail. Nous sommes peut-être aujourd'hui à un point de bascule. Les attentes ne portent plus seulement sur les modalités d'exécution du travail, mais sur la nature même de la relation de travail. Et cette relation, incarnée par le contrat de travail, ne suffit plus à répondre aux aspirations actuelles.

C'est pourquoi le modèle de l'entrepreneur indépendant, seul, en famille ou entre proches, pourrait bien représenter le socle d'une transformation sociétale profonde. Ce modèle n'est pas sans rappeler l'organisation sociale d'avant l'exode rural, une époque où une multiplicité d'unités de production indépendantes coexistait sur les territoires. Demain, ces unités ne seront plus agricoles, mais entrepreneuriales, chacun dans son domaine de compétence.

Cette évolution permettrait non seulement plus de liberté individuelle, mais aussi une relocalisation de l'économie. Une petite entreprise travaille généralement avec un réseau limité de partenaires, souvent locaux, à l'inverse de la multinationale mondialisée. Ce mode d'organisation génère des externalités positives, notamment une réduction de l'empreinte carbone grâce à des flux de marchandises, de capitaux, d'informations plus courts et plus maîtrisés. La logique du *« produire et consommer local »* s'étendrait ainsi bien au-delà du secteur alimentaire, pour concerner de nombreux pans de l'activité économique.

Par ailleurs, cette transition vers une économie de petites entreprises est rendue nécessaire par les mutations technologiques. L'élévation constante du niveau d'expertise requis dans de nombreux secteurs rend difficile, voire impossible, l'internalisation de toutes les compétences par une seule entreprise. Le développement du numérique, de la communication ou encore de l'intelligence artificielle a fait émerger des métiers qui n'existaient pas il y a quinze ans. Pour rester compétitives, les entreprises doivent innover, se différencier, ce qui suppose des compétences pointues et spécifiques, mais souvent temporaires.

Dans ce contexte, externaliser l'expertise devient une stratégie logique. Il est plus pertinent pour une entreprise d'avoir recours à un professionnel indépendant que de recruter en interne pour un besoin limité dans le temps. Ce qui était autrefois une contrainte propre aux petites structures, ne pas pouvoir assumer toutes les fonctions en interne, devient une stratégie valable pour les grandes entreprises elles aussi.

C'est précisément dans ce besoin structurel de flexibilité, d'expertise mobile et ponctuelle, que le modèle de la micro-entreprise trouve toute sa légitimité. Les petites structures indépendantes, capables d'apporter une réponse ciblée à un besoin donné, sont appelées à se multiplier. L'entreprise individuelle experte est ainsi appelée à devenir la norme émergente d'un tissu économique plus agile, plus fragmenté, mais aussi plus libre et plus responsable.

C'est dans ce contexte que vont se développer encore les autoentreprises, les petites structures d'expertise, les freelances spécialisés. Et, dans les grandes entreprises, il y aura toujours des intrapreneurs, ces salariés qui portent un projet, qui coordonnent, qui entreprennent en interne, mais sans les risques financiers de l'entrepreneuriat *« classique »*.

Et c'est peut-être cela, au fond, la grande différence : l'engagement. L'entrepreneur investit son temps, ses compétences, mais aussi son argent, son patrimoine, sa sécurité personnelle. Il peut tout perdre. L'intrapreneur, lui, reste protégé par le cadre salarié. Les deux entreprennent, oui. Mais pas avec les mêmes enjeux, ni la même mise.

Ainsi, demain, notre société sera sans doute structurée par ces deux figures complémentaires : l'entrepreneur expert, à la tête d'une petite structure indépendante ; l'intrapreneur coordonnateur, au sein d'organisations plus vastes. Cette articulation, entre expertise et transversalité, entre autonomie et organisation, sera essentielle pour réussir la transition écologique, sociale et économique.

Mais ne nous y trompons pas : même si les activités se relocalisent, même si les structures se fragmentent, le monde reste interconnecté. Les flux mondiaux, les interdépendances économiques, politiques, médiatiques ne vont pas disparaître du jour au lendemain. En revanche, elles devront, elles aussi, s'ajuster à cette nouvelle donne. Le modèle ancien de l'entreprise autonome, centrée sur la productivité, doit céder la place à un modèle plus agile, plus responsable, plus conscient. L'entreprise ne peut plus se penser comme un électron libre. Elle doit devenir un électron lié, connecté à un ensemble : un territoire, une société, un projet commun.

C'est ce que propose Edgar Morin avec la pensée complexe : un appel à penser le tout plutôt que la partie, les relations plutôt que les entités, à voir le progrès technique non comme une fin, mais comme un moyen.

Ce que nous devons construire ensemble, ce n'est pas seulement un nouveau modèle économique. C'est une nouvelle vision du travail, du pouvoir, de la liberté.

Ce qu'il faut garder en tête

Changer, ce n'est pas seulement proposer. C'est aussi porter. Porter les doutes, les résistances, les accusations. Le manager de transition, souvent seul, avance en funambule entre autorité et écoute, entre vision et compromis. Il doit décider sans blesser, convaincre sans manipuler, tenir sans s'épuiser. Et parfois, il découvre que plus on partage les décisions, plus on dilue les responsabilités. Le collectif devient un refuge, mais aussi un écran. Dans ce contexte, le vrai courage n'est pas de plaire à tous, mais de tenir une ligne, même fragile, même contestée. La transition, pour celui qui la porte, n'est pas un mot : c'est un poids. Et ce poids, il faut l'assumer, sans certitude, mais avec lucidité.

CHAPITRE 5

Quand le travail ne suffit plus à faire le lien

Le travail a longtemps été un repère, un lieu d'identité, un espace de reconnaissance. Mais dans un monde en mutation, il devient aussi un lieu de fracture. Ce chapitre interroge ce que la transition fait au lien social, aux générations, aux espaces de travail, et à soi-même.

« Ce que je croyais stable s'est effondré »

« Pendant des années, j'ai cru que le travail suffisait à créer du lien. Que les résultats parlaient d'eux-mêmes. Mais j'ai vu des collègues que je croyais proches se détourner. J'ai vu des générations ne plus se reconnaître dans ce que nous construisions. Le travail ne suffit plus. Il faut du sens. Et parfois, même le sens ne suffit pas ».

Le travail : contrainte, refuge ou illusion ?

Lorsqu'on observe les attentes des jeunes diplômés, il n'est pas absurde de considérer qu'il est légitime pour eux d'avoir des exigences en lien avec leur niveau de diplôme : un bon salaire, des responsabilités, de l'autonomie… Et de la même façon, il est tout aussi légitime pour un employeur de ne proposer que ce dont il a réellement besoin. Dans cette rencontre entre les attentes des uns et les besoins des autres, c'est en définitive le marché qui tranche, comme une forme d'arbitre silencieux. Chacun, employeur comme candidat, se retrouve souvent contraint de prendre ce qu'il trouve. Or, on l'a vu, le rapport de force actuel tend à pencher en faveur des jeunes diplômés, qui affichent des prétentions si proches les unes des autres que l'employeur n'a souvent pas d'autre choix que de s'y adapter.

Pour en sortir, la solution pour l'employeur serait de briser ce rapport de force qui lui est défavorable et qui repose sur une fausse homogénéité des candidats ; homogénéité de parcours qui les amène à une homogénéité de prétention, mais fausse homogénéité parce que l'élévation voulue et accompagnée du niveau des diplômes n'est pas le reflet d'une élévation du potentiel des candidats. La sanction par le diplôme, c'est le témoignage de compétences acquises ; or la réalité, c'est que nous n'avons aucune raison de penser que les individus sont plus intelligents aujourd'hui que par le passé, en capacité d'acquérir plus de compétences, et les différences d'hier, pour cette raison, devraient encore pouvoir se vérifier aujourd'hui. Ce que chacun observe d'ailleurs en entreprise, car sous cette apparente homogénéité, celle que nous donne à voir le diplôme, il y a une réelle hétérogénéité, et tel diplômé de telle école ne vaut pas tel autre diplômé de la même école, peut-être encore moins tel diplômé de telle autre école.

Pourquoi un tel leurre ? Parce que nous sommes passés d'une école qui jouait un rôle de sélection important à une école qui vise au contraire à accompagner le plus grand nombre vers le niveau de diplomation le plus élevé, la morale ayant eu tendance à considérer qu'il était préférable d'accompagner, plutôt que de sélectionner ceux qui a priori ont les meilleures dispositions, cela au nom d'une certaine justice sociale.

Là où on se trompe, c'est qu'en favorisant l'élévation du niveau de diplôme pour tous sans distinction, on favorise certes l'égalité, mais on s'assoit sur le principe d'équité. Le système éducatif, en produisant des étudiants qui ont tous leur diplôme et un diplôme de niveau élevé, met bien tout le monde au même niveau en entrant sur le marché de l'emploi, à égalité de chance devant l'employeur, mais il supprime l'équité de traitement parce que, pour en arriver à un tel résultat, il retire les épreuves ou les disciplines qui permettent de différencier l'individu qui a du potentiel de celui qui en a moins, il créé les conditions de l'indifférenciation au détriment de certains et au profit d'autres. C'est ainsi qu'on a supprimé les matières ou le caractère sélectif de certaines matières. Plus besoin de passer une épreuve terminale en mathématiques par exemple pour obtenir son baccalauréat… On peut selon son potentiel décider de suivre ou non tel enseignement…, tout cela pour décrocher pourtant un seul et même diplôme sur le papier.

Il est sain moralement d'accompagner plus et mieux que par le passé les individus pour gommer les différences liées au fait que nous n'ayons pas tous les mêmes chances au départ, selon le milieu dont nous sommes issus par exemple. C'est juste et équitable et cela peut contribuer, certes, à davantage d'égalité. John Rawls, dans son ouvrage *Théorie de la justice*, propose le concept de la « justice comme équité ». Il y soutient que les inégalités sociales et économiques sont justifiées seulement si elles bénéficient aux membres les plus désavantagés de la société. Cela signifie que pour atteindre une véritable justice, il est parfois nécessaire en effet de traiter les individus différemment en fonction de leurs circonstances particulières.

Cependant, l'indifférenciation des chances ou l'égalité des chances ne doit pas pour autant conduire à une totale indifférenciation des individus. Personne ne ressemble tout à fait à son prochain, nous sommes tous différents les uns des autres. Physiquement, certains sont plus grands que les autres, plus gros ou plus maigres, avec des yeux de couleur différente, et nous n'avons donc pas non plus, tous, les mêmes aptitudes. Celui qui décroche une médaille d'or aux Jeux olympiques à des aptitudes physiques au-dessus des autres. Il peut la décrocher en partie grâce au travail, à l'entraînement, il en faut assurément, mais reconnaissons aussi que nous n'avons pas la capacité chacun d'entre nous de devenir un sportif de haut niveau. Sur le plan intellectuel, il en va de même, admettons qu'il y en a parmi nous qui sont des littéraires, que d'autres sont davantage scientifiques ou encore que certains puissent être plus à l'aise sur le terrain manuel.

L'erreur que nous avons commise et que nous commettons encore est de vouloir mettre une hiérarchie au milieu de tout cela en considérant qu'il serait plus valorisant d'être diplômé à bac+5 que d'être diplômé à bac+2 et que cadre de direction, c'est mieux que plombier. Nous avons non seulement survalorisé certains métiers au détriment d'autres métiers, en même temps que nous avons fictivement emmené un maximum d'étudiants vers un niveau de formation toujours plus élevé. Autrement dit, en ayant voulu valoriser les individus, on a dévalorisé les diplômes. Et en dévalorisant les diplômes, on a participé de l'inadéquation emploi-formation, à la fois en nombre, on ne trouve plus de profils dans certains métiers, à la fois en qualité, les personnes retenues ne correspondant pas toujours tout à fait aux attendus du poste.

Si le système éducatif ne se requestionne pas, il est à peu près certain que d'autres systèmes sélectifs se mettront en place, peut-être moins en mesure de maîtriser le respect du principe d'égalité que ne serait en mesure de le faire l'éducation nationale. La première dérive possible et qui a déjà commencé à se mettre en place, c'est la sélection par l'argent. Certaines écoles plus sélectives à l'entrée auront meilleure réputation et leurs diplômés retiendront davantage l'attention des recruteurs parce que ces écoles-là auront maintenu un niveau d'exigence élevé. Sauf qu'à cette sélection qui vise et qui visera à ne retenir que les meilleurs candidats, les plus aptes, il y aura une deuxième sélection, celle-ci financière, s'agissant d'écoles privées ne relevant pas de l'éducation nationale et fonctionnant avec des frais de scolarité élevés.

Le travail, longtemps perçu comme une évidence, devient aujourd'hui un objet de négociation intime, et cela y compris dans nos choix d'étude. Ce n'est plus seulement une fonction sociale : c'est un miroir de nos attentes, de nos doutes, de nos contradictions. Et c'est là que surgit une autre tension : celle du sens.

Le paradoxe du sens au travail

Notre société a produit une grande diversité de biens et services grâce aux avancées techniques. Demain, l'innovation reposera probablement davantage sur la capacité à créer des produits intégrant plusieurs fonctions pour répondre à un besoin unique. Par ailleurs, le succès de ces biens et services nouveaux sera d'autant plus assuré qu'ils répondront à un besoin collectif tout en offrant un usage individuel et personnalisé, comme l'illustre parfaitement G. Halpern dans *Tous Centaures*.

Depuis toujours, chez tous les peuples et civilisations, une quête universelle s'impose : la recherche croissante de liberté. Les années à venir ne feront pas exception. Cette liberté se décline en plusieurs formes : liberté économique d'entreprendre, liberté sociale des salariés intrapreneurs ou entrepreneurs, mais aussi liberté du consommateur, qui veut consommer quand il le souhaite et selon ses propres préférences.

Prenons l'exemple de l'immobilier. Autrefois, les promoteurs proposaient des maisons clefs en main, souvent calquées sur des modèles standardisés déployés sur des terrains similaires. Cette approche, favorisée pour réduire les coûts, devra désormais évoluer avec la loi sur la non-artificialisation des sols. La construction ne sera plus un projet reproductible à l'identique d'un territoire à un autre, mais un processus différencié : alternant déconstruction et reconstruction, réhabilitation ici, logements individuels là, logements collectifs ailleurs. Le modèle de la maison standardisée cédera la place à un modèle unique, répondant non plus à un profil client type, mais à une multitude de besoins individuels. Pour réussir cette adaptation, les entreprises, désormais plus « assembleuses », devront collaborer étroitement avec des experts locaux, architectes, promoteurs, urbanistes, pour concevoir des projets véritablement adaptés aux territoires.

Dans le secteur des médias, autrefois cloisonné par canal (*print*, télévision, radio), les contenus sont aujourd'hui diffusés sur de multiples plateformes : podcasts, réseaux sociaux, streaming, etc. Là où il fallait plusieurs équipements distincts (lecteur DVD, télévision, radio) un seul appareil, le smartphone ou l'ordinateur, suffit désormais à accéder à tous ces contenus. Ce phénomène illustre bien l'émergence d'un produit unique qui internalise de multiples fonctions pour répondre à un besoin collectif d'accès à l'information et au divertissement, tout en offrant un usage individualisé. Chaque utilisateur peut ainsi choisir ses programmes en fonction de ses goûts, et s'extraire du partage familial ou collectif. Le rôle des diffuseurs évolue donc vers la collaboration avec de nombreux producteurs de contenus spécialisés, comme le montre l'exemple de plateformes telles que MyCanal.

L'enseignement supérieur, longtemps limité à des établissements spécialisés et cloisonnés, devient aujourd'hui un espace hybride qui favorise une plus grande liberté d'apprentissage. Le campus ne se limite plus à la salle de classe, il est un lieu de vie et de rencontre entre chercheurs, dirigeants et étudiants. Les parcours sont de plus en plus individualisés, complétés par des expositions, des laboratoires, des incubateurs d'entrepreneuriat, et des interactions régulières avec le monde économique. Des institutions comme le MIT, le Technion ou Paris-Saclay illustrent cette dynamique d'ouverture et de pluralité des usages.

Cette nouvelle approche productive, qu'elle concerne la construction, les services éducatifs ou la production audiovisuelle, offre aussi une opportunité de redonner du sens au travail. Aujourd'hui, certains métiers peinent à recruter, en partie parce que les tâches sont devenues trop spécialisées et fragmentées. Le travail ne se résume plus à un métier complet, mais à l'exécution répétitive d'une tâche déconnectée du produit final. Le salarié devient un simple agent de production, dont l'activité peut sembler dénuée de sens. Et cela, quand bien même chaque geste, même le plus simple, a un rôle essentiel dans une chaîne de fabrication.

Le vrai problème derrière ce *« manque de sens »* ressenti par les salariés est en réalité lié à l'utilité et à la reconnaissance. Paradoxalement, même si le travailleur sait que son geste est indispensable au fonctionnement global, la distance avec le produit fini et l'absence de lien avec les bénéficiaires finaux rendent difficile l'expérience de cette utilité. Dans une économie mondialisée, la production est souvent destinée à des consommateurs inconnus, sur des territoires éloignés, renforçant un sentiment d'abstraction.

Le consommateur, lui aussi, est coupé du producteur. Il ignore souvent qui a fabriqué le bien qu'il achète, ce qui empêche la reconnaissance mutuelle. Cette rupture entre production et consommation nourrit méfiance et suspicion, comme on le constate en agriculture. À l'inverse, la vente directe ou la mise en avant du producteur sur l'emballage d'un produit, pratique de plus en plus fréquente dans les rayons des supermarchés, créent un lien de confiance, source de reconnaissance.

Réfléchir davantage aux usages pour adapter les biens et services aux attentes individuelles ne peut que renforcer le sentiment d'utilité et la reconnaissance au travail. Ce besoin fondamental peut se résumer en un mot : servir. Il ne s'agit pas ici du sens originel latin du verbe *servire* (être esclave), mais de la capacité à servir une cause, qu'elle soit modeste ou grande. Servir une cause, c'est exprimer notre besoin profond d'utilité et d'engagement, qu'il s'agisse de la protection de la planète, de l'aide aux plus démunis, ou de toute autre ambition collective.

Promouvoir la liberté économique, par le développement de l'entrepreneuriat et l'émergence d'une société fondée sur les usages, s'inscrit dans cette même dynamique. Cela ouvre des espaces où chacun peut contribuer activement au bien commun. Ce processus libère le potentiel individuel tout en redéfinissant le service comme un vecteur d'émancipation, renforçant le sentiment de pertinence économique et sociale.

On peut même aller plus loin : puisque la liberté est l'antonyme de l'asservissement, promouvoir la liberté économique et l'entrepreneuriat dans une économie des usages est, contre toute idée reçue, la voie la plus prometteuse pour l'émancipation du travailleur. C'est en retrouvant ce sentiment d'utilité et de reconnaissance qu'il pourra véritablement servir, dans le sens noble et social du terme.

Peut-être faut-il cesser de demander au travail ce qu'il ne peut plus offrir seul, et regarder ce que nous projetons sur lui ?

Donner du sens, oui. Mais à qui ? Et comment ? Car les attentes ne sont pas les mêmes selon les générations. Et c'est dans ce décalage que naissent les malentendus.

L'intérêt des jeunes générations pour le travail

Se demander si les jeunes générations ont aujourd'hui moins d'intérêt pour le travail que leurs aînés au même âge, c'est poser la question du travail comme s'il s'agissait d'un choix, presque d'un loisir. Cela revient à supposer que nous travaillions par goût du travail lui-même. Or, ce n'est pas vraiment le cas. On ne travaille pas *« par intérêt pour le travail »*, mais pour ce que le travail nous permet d'obtenir. C'est une nuance essentielle.

Le mot travail, selon certains linguistes comme Alain Rey, viendrait du latin *tripalium*, un instrument de torture. Pour d'autres, comme Marie-France Delport, il évoque un chemin difficile, un parcours avec des embûches. Quelle que soit l'origine retenue, une chose est sûre : travailler, c'est fournir un effort. Et un effort, on ne le fournit jamais gratuitement. À chaque effort, on attend un retour.

Ce retour peut prendre différentes formes : une reconnaissance, une réussite, une récompense… Mais dans notre société, il s'agit très souvent d'argent. Nous travaillons d'abord pour avoir un salaire, qui nous permet de satisfaire nos besoins et nos envies. Plus un bien est rare ou coûteux, plus nous sommes prêts à travailler dur pour l'obtenir. Dans les années 70, acheter un téléviseur demandait un vrai effort financier. Aujourd'hui, c'est à la portée de la majorité des salariés. Le produit est devenu courant, son prix a baissé, il ne représente plus un objectif aussi fort. Et il en va de même pour de nombreux autres biens.

Ainsi, plus notre niveau de vie augmente, moins nous sommes prêts à faire des efforts pour obtenir des choses. Et ce raisonnement vaut aussi en matière d'emploi. Moins nous ressentons la pression du risque économique, plus nous sommes détendus dans notre rapport au travail. Quand le marché de l'emploi est favorable, ou que les aides sociales sont solides, la peur de perdre son poste est moindre. On devient plus exigeant sur ce qu'on attend du travail et on choisit en comparant ce que chaque poste offre en termes de rapport entre effort à fournir et récompense reçue.

Ce constat n'est ni un jugement ni une critique, c'est une réalité sociale. Plus notre sécurité est assurée, moins nous sommes prêts à nous investir sans raison. Cela ne signifie pas qu'il faille remettre en cause la protection sociale ou faire peser une menace sur les salariés pour qu'ils s'engagent, bien au contraire. Mais il faut admettre que cette protection modifie nos comportements vis-à-vis du travail.

C’est ce changement qui explique en grande partie pourquoi le travail a perdu de sa centralité. Globalement, dans une société où le risque économique est moindre, on s’engage moins dans le travail. Et pour s’investir, il faut aujourd’hui autre chose que le salaire. Il faut du sens, du plaisir, de l’épanouissement. On attend du travail qu’il ne soit pas seulement une contrainte, mais aussi une source de bien-être.

C’est de là, comme déjà évoqué, que viennent notamment les attentes en matière de qualité de vie au travail, d’engagement environnemental, de flexibilité, d’autonomie… Le salaire ne suffit plus à motiver. Ce que l’on cherche, c’est un équilibre. Si le travail est moins contraignant, par exemple grâce au télétravail ou à des congés supplémentaires, on est prêt à s’y investir davantage. Moins le travail ressemble au « travail » au sens traditionnel du terme, plus on est motivé pour l’accomplir.

Dans ce contexte, une entreprise qui ne tient pas compte de ces nouvelles attentes n’attirera que les profils qui n’ont pas d’autres options. Et souvent, ces profils-là ne sont pas les plus compétitifs. Pour attirer les meilleurs candidats, l’entreprise doit donc proposer plus qu’un simple salaire : elle doit se démarquer par son organisation, ses valeurs, ses conditions de travail. C’est ce qu’on appelle aujourd’hui la *« marque employeur »*. Il s’agit de *« vendre »* son entreprise comme on vendrait un produit, pour séduire les talents.

Il y a bien sûr des exceptions. On peut encore recruter de bons candidats sans proposer tous les avantages à la mode, mais cela arrive surtout dans deux cas : soit le candidat a un besoin urgent d’argent pour faire face à une situation personnelle, soit il a été éduqué dans une famille où le travail a toujours été au centre des priorités, souvent parce que ses parents ont connu la précarité.

C'est pourquoi on observe souvent un lien entre l'origine sociale et le rapport au travail. Les enfants issus de milieux modestes accordent en général plus de valeur au travail et sont moins exigeants, car ils ont été marqués par l'histoire de leurs parents. À l'inverse, ceux qui viennent de familles aisées ont grandi dans une plus grande sécurité et sont donc plus enclins à poser des conditions à leur engagement professionnel. Ces trajectoires contrastées façonnent des rapports au travail profondément différents. Et lorsque s'y ajoute un écart générationnel, la cohabitation dans une même organisation, peut être source de malentendus.

Le problème posé par l'intergénérationnel

Le problème de l'intergénérationnel, en réalité, n'en est pas vraiment un. Lorsque l'intergénérationnel existe, c'est justement parce que les générations travaillent déjà ensemble, en réciprocité et mutualisation, au point de se pénétrer et parfois même de se confondre. C'est tout le sens du préfixe *« inter »*, d'origine latine, qui signifie *« entre »*. La véritable réalité, c'est que, dans les entreprises, on observe bien plus souvent un phénomène d'intragénérationnel que d'intergénérationnel.

Chaque génération est en effet façonnée par une histoire profondément différente de celle qui la précède ou la suit. Et à mesure que le monde s'accélère, les points de convergence entre ces générations radicalement différentes, cohabitant dans le même environnement professionnel, se font de plus en plus rares.

En termes de management, cela pose une difficulté majeure, surtout en période de transition où il faut entraîner tous les collaborateurs dans la même direction. C'est parfois une véritable gageure, un peu comme vouloir marier la carpe et le lapin. Vouloir faire travailler côte à côte les

« boomers » et les jeunes issus de la génération Greta Thunberg, est-ce vraiment réaliste ?

Quand on a partagé une enfance, des règles morales, des croyances et des valeurs communes (bref, une même culture fondée sur un socle partagé) la compréhension mutuelle est naturellement facilitée. À l'inverse, quand vous êtes né au milieu des années 60, votre adolescence s'est déroulée devant trois chaînes en noir et blanc, sans ordinateur, à une époque où la religion avait une place bien plus importante, et où l'environnement n'était pas encore un sujet d'inquiétude. Certes, vous avez évolué avec le temps, adopté l'ordinateur, suivi l'essor du numérique, intégré les réseaux sociaux, découvert le téléphone portable… Mais s'adapter à un nouvel environnement n'est pas la même chose que naître dedans. Vous regardez le monde avec les yeux du présent, mais aussi avec ceux du passé. Si nous ne partageons pas un même passé, nous ne percevons pas la même réalité. Nos rétines peuvent capter la même image, mais nos interprétations diffèrent, car nous sommes imprégnés par notre histoire.

Cette divergence culturelle se manifeste parfois dans des comportements concrets au travail. Par exemple, certaines secrétaires de direction continuent à ne pas s'autoriser de pause-café, même si celle-ci est officiellement admise. Elles ne comptabilisent pas non plus leurs heures supplémentaires. À l'inverse, certains salariés arrivent souvent en retard pour prendre un café dès 9h30 alors que leur journée commence à 9h, et ils comptabilisent scrupuleusement chaque minute travaillée. Pourquoi cette différence ? Parce que ces individus ont construit un rapport au travail et à l'autorité profondément différent.

D'un côté, certains s'efforcent de dépasser les exigences légales par dévouement à leur employeur, convaincus que travailler plus c'est mieux servir l'entreprise. De l'autre, certains privilégient le bien-être au travail avant la quantité de travail fournie. Ils prennent le temps d'échanger sur la vie personnelle avant de plonger dans les dossiers, et l'employeur doit non seulement tolérer ce rythme, mais parfois même offrir les croissants s'il veut être considéré comme un « bon employeur ».

Comment faire cohabiter ces approches si différentes ? La réponse n'est pas d'imposer des pratiques uniformes, comme le font trop souvent certains dirigeants. Imposer un mode de travail unique risque de générer tensions et insatisfactions. Ceux qui aiment prendre leur café dès l'arrivée ne l'accepteront pas, tout comme les secrétaires habituées à des journées sans pause se sentiront déstabilisées si on leur en impose une. Leur organisation personnelle est construite depuis des années, et demander un tel changement reviendrait à dénigrer leur engagement passé.

De plus, en tant qu'employeur, quelle légitimité avez-vous à interférer dans les modes de vie au travail ? Vous pouvez fixer des objectifs, définir des échéances, accompagner dans la méthode, mais imposer des pauses ou des comportements précis, non. Ce n'est ni votre rôle, ni votre prérogative.

Le véritable enjeu est donc que ces collaborateurs, jeunes et anciens, qui ont chacun un rapport au travail façonné par leur histoire, puissent trouver les ressorts d'une collaboration harmonieuse. Il ne s'agit pas de les contraindre à gommer leurs différences, surtout quand elles ne concernent pas la réalisation effective des tâches, mais bien de reconnaître leur diversité et d'identifier comment elle peut devenir une force complémentaire.

Les aînés disposent souvent d'un savoir et d'un savoir-faire que les plus jeunes n'ont pas, tandis que ces derniers maîtrisent de nouveaux outils et technologies pouvant bénéficier aux premiers. Il faut donc encourager ces complémentarités, faire évoluer l'intragénérationnel en véritable intergénérationnel.

Le sociologue Renaud Sainsaulieu, qui a étudié les dynamiques sociales dans les entreprises, souligne l'importance de ces interactions intergénérationnelles pour créer des régulations durables et un environnement de travail inclusif. Il rappelle que *« les relations intergénérationnelles au travail sont essentielles pour favoriser la transmission des savoirs et des compétences »*. Ce principe vaut au-delà des simples différences d'âge, englobant la diversité des profils dans l'entreprise.

On peut même considérer qu'il est préférable, pour une organisation, de favoriser une diversité de profils, liée à l'âge, au parcours, à l'expérience, à condition bien sûr de créer des espaces où ces différences se traduisent en complémentarité bénéfique à tous. Ainsi, chaque salarié s'enrichit du savoir et de la compétence des autres, et l'entreprise, dans son ensemble, devient plus riche. La richesse d'une organisation repose sur la somme des richesses individuelles qui la composent.

Entre les générations, ce ne sont pas seulement les pratiques qui diffèrent, mais les récits, les repères, les seuils d'acceptabilité. Et ces différences ne s'expriment pas seulement dans les valeurs. Elles prennent aussi corps dans les lieux mêmes du travail. Et l'espace devient alors un révélateur silencieux des tensions.

Espaces de travail : entre confort, contrôle et soupçon

Le dirigeant est mû d'abord par des objectifs économiques, on l'a dit. Il peut être particulièrement sensible à l'environnement, à l'égalité entre les hommes et les femmes, à l'inclusion… mais le centre de son action reste quand même de produire des biens ou des services. Et s'il veut préserver son entreprise et son emploi, ceux de ses collaborateurs, il est préférable qu'en produisant des biens ou des services, il gagne même un peu d'argent. On peut considérer, de ce point de vue, que c'est légitimement la priorité des priorités d'un dirigeant, sa priorité première en quelque sorte. Milton Friedman, prix Nobel d'Économie, affirmait que la seule responsabilité d'un *businessman* est de faire du profit.

Ensuite, bien sûr, par-delà cette priorité, la plupart des dirigeants sont comme tous les citoyens : ils n'ont pas envie que l'environnement soit trop détérioré et essaient d'y faire attention. Ils n'ont pas non plus envie de faire souffrir les autres et sont globalement soucieux que leurs salariés ne vivent pas trop mal leur travail, leur proposant des conditions d'exercice qui, parfois, vont au-delà de ce que prévoit le droit. Il y a des exceptions, encore trop nombreuses, et des patrons qui se comportent mal avec leurs employés, cela existe encore, ce serait nier une évidence que de le nier. Mais partons du principe que la plupart des individus, parce qu'ils sont des êtres sociaux, éduqués, doués de raison, ne cherchent pas a priori et sans motif à nuire à leur prochain. Ce qui vaut pour les employeurs vaut tout autant pour les salariés !

Néanmoins, rien n'oblige non plus un employeur à prévoir de jolies salles de repos avec un baby-foot, de beaux bureaux décorés… Pourquoi franchir ce pas alors aujourd'hui ? Ou plus justement, pourquoi certains employeurs, pas tous, loin s'en faut, franchissent-ils ce pas ? Ils le font parce qu'ils confondent ou font se confondre environnement professionnel et environnement personnel. Matériellement, le baby-foot n'est pas un équipement au service du travail, mais du divertissement. Le fauteuil club n'est pas une chaise de bureau, mais un siège destiné à mettre celui qui s'y installe dans une position de relaxation, conduisant à la détente, voire au sommeil, bien plus qu'à la concentration.

Ce paradoxe, qui en prend tous les aspects, n'en est pourtant pas réellement un. Il en a l'apparence, c'est incontestable, mais en vérité, le *baby-foot* ou le fauteuil club ne sont pas des équipements ou mobiliers au service de la distraction ou du repos dès lors qu'ils sont placés dans un environnement de travail. Le lieu où ils se trouvent détermine leur usage, bien plus que la nature du mobilier lui-même ou l'intention du *designer*.

La meilleure preuve, c'est qu'en certains aspects, si un espace dans l'entreprise ressemble assez peu à un espace de travail, c'est bien le bureau de la direction. Pourtant, on ne peut pas soupçonner a priori un directeur de ne pas vouloir travailler, sauf à ce qu'il veuille fermer la boîte qu'il dirige, et qu'il a parfois créée lui-même, autrement dit, sauf à considérer qu'il veuille se tirer une balle dans le pied. Son bureau est le reflet d'un certain *standing*, d'une image de marque, celle de son entreprise. Mais c'est aussi, de manière quasi systématique, un espace, si ce n'est personnel, au moins personnalisé et à la décoration soignée.

Combien d'épouses, d'époux ou d'enfants de dirigeants ont déjà pensé, pour une occasion familiale (anniversaire, Noël, etc.), offrir un cadeau destiné à leur espace de travail ? C'est convenons-en plus que fréquent. Le cadeau, censé marquer un événement familial et symboliser les liens affectifs, trouve alors tout naturellement sa place dans l'environnement professionnel. Cet environnement n'est plus alors qu'à moitié professionnel, au moins en apparence, et pour l'autre moitié devient un environnement personnel.

La raison de cette confusion est simple. Ce dont témoigne l'aménagement du bureau du directeur, ce n'est pas qu'il se repose ou qu'il se distraie au travail, mais qu'il y passe le plus clair de son temps. Un employeur n'a pas d'horaire. Il arrête sa journée quand il considère avoir terminé ce qu'il avait à faire. À défaut de pouvoir rentrer chez lui tôt ou à des heures normales, lui permettant de se distraire, se reposer ou passer du temps avec les siens, il s'en donne l'illusion en plaçant dans son environnement immédiat une photo de famille, le dernier cadeau des enfants à Noël, ou même un fauteuil club dans lequel il ne s'assiéra quasiment jamais, trop affairé par ses tâches professionnelles.

Et finalement, en réfléchissant non plus seulement sous l'angle fonctionnel, mais aussi sous celui de l'esthétique et du confort, l'aménagement des locaux de l'entreprise, au-delà d'un simple mobilier de bureau, le dirigeant ou employeur tend à faire pour les autres ce qu'il fait pour lui-même. On pourrait même parler d'une certaine forme d'altruisme ou de générosité, puisqu'au fond, rien ne l'y oblige, et a priori on pourrait penser qu'il n'a rien à y gagner. Ce n'est pourtant pas aussi simple, et ce n'est pas ainsi que voient les choses tous les salariés et leurs représentants, les syndicats.

Il est une règle qui veut que toute initiative patronale soit, aux yeux des syndicalistes, frappée du sceau de la suspicion. On ne peut leur en faire le reproche : ils font leur travail de syndicaliste, leur rôle étant de défendre les intérêts des salariés. Cette suspicion n'est rien d'autre qu'une forme de prévention face à ce qui pourrait représenter des attaques, visibles ou non, volontaires ou involontaires, des employeurs sur les conditions de travail des salariés.

Pour un syndicaliste, être méfiant à l'égard des initiatives patronales, c'est en faire un examen approfondi afin de s'assurer qu'elles n'auront pas d'effet néfaste sur les conditions de travail. Si on fait une analogie, plus un médecin cherche tous les risques possibles liés à votre santé lors d'un *check-up*, plus il a de chances de découvrir un problème. On ne lui en fait pas le reproche, au contraire, on trouve qu'il est bon. Un bon syndicaliste, de la même manière, est un syndicaliste méfiant.

La différence est que la méfiance du médecin s'exerce contre des éléments pathogènes, alors que la suspicion du syndicaliste s'exerce envers des individus. Les premiers n'ont rien à dire, les seconds le vivent plus ou moins bien, surtout quand ils sont bien intentionnés. Et là aussi, c'est normal : personne n'apprécie qu'on doute de sa bonne foi, surtout quand on est de bonne foi.

Revenons-en à l'aménagement des locaux d'entreprise. Ce qui a fait planer le doute sur ces nouveaux espaces de travail, ce n'est pas l'attention portée par les employeurs aux locaux eux-mêmes. Bien sûr, personne ne trouve à y redire, ni salariés ni représentants. Ce que ces derniers interrogent parfois, c'est l'intention derrière cette attention.

Pour comprendre cette intention, on peut chercher la source d'inspiration de cette idée. Parfois, le rapprochement est fait avec les modèles des start-ups d'origine outre-Atlantique.

Qu'est-ce qu'une *start-up* ? On pourrait presque le résumer ainsi : un bureau de patrons occupé par des patrons, travaillant comme des patrons. On y mélange, mieux qu'ailleurs, espace de travail et espace de vie aux caractéristiques proches de celles qu'on trouve au domicile de chacun. Parfois même, ces locaux ressemblent plus à un espace de vie qu'à un espace de travail, tant et si bien que les bureaux traditionnels ont disparu au profit d'espaces de *coworking* avec de jolis canapés.

Il n'y a pas non plus véritablement de lien hiérarchique dans les faits entre tous ceux qui travaillent dans les start-ups : on partage les responsabilités comme on partage les mètres carrés, et chacun doit contribuer, dans ce mode relationnel, à innover avec les autres, autrement dit à trouver de manière efficace et créative des solutions à un ou plusieurs problèmes.

C'est d'ailleurs ce qui distingue la *start-up* de la TPE : l'une innove, l'autre produit des biens ou services déjà existants. Mais l'innovation étant par nature aléatoire, on observe qu'on peut chercher beaucoup et trouver peu. Le startuper, pour cette raison, ne peut nourrir d'attentes précises sur les gains qu'il retirera des efforts consentis. Il sait qu'il cherche, sans savoir ce qu'il va trouver, ni même s'il va trouver.

Bien sûr, il espère trouver et gagner de l'argent, mais le retour sur investissement est tellement incertain qu'il doit accepter de donner sans compter, brisant la règle fondamentale au cœur du salariat et de la relation de travail : tout travail mérite salaire, et toute contribution doit être rétribuée. Le gain potentiel du startuper est tellement indéterminé qu'il lui est impossible de considérer à l'avance le temps qu'il doit consacrer.

Bref, toutes les références classiques du travail sont ici battues en brèche !

Le problème, c'est que ce modèle de *start-up* a fait rêver certains jeunes diplômés, notamment parce qu'il a révélé des talents et donné naissance à de belles aventures entrepreneuriales. Il faut aussi corréler cet intérêt à l'élévation du niveau d'études ces dernières années : près de 30 % des bacheliers en France poursuivent jusqu'au bac

+5, autant de jeunes qui nourrissent l'espoir d'occuper des fonctions de direction.

À défaut de pouvoir leur fournir des postes de dirigeants à tous (une entreprise ne saurait être composée que de directeurs) on les fait travailler parfois comme des dirigeants ou comme des *startupers*, sans qu'ils en aient tout à fait le poste, ni le statut, ni la rémunération, ni toujours la compétence, car les diplômes ne remplacent jamais l'expérience. Ces jeunes diplômés acceptent d'autant plus volontiers cette situation qu'ils ont été formés pour cela, qu'ils y aspirent, et s'y sont préparés. C'est leur plan de carrière.

On observe donc une convergence historique entre les intérêts implicites des employeurs et des salariés : les uns peuvent mobiliser l'énergie et les compétences de jeunes collaborateurs en leur donnant des responsabilités importantes sans que cela ne leur coûte trop, les autres trouvent au sortir de leur formation une expérience significative pour mettre à profit leurs compétences.

Parfois même, les employeurs n'ont pas d'autre choix pour motiver des salariés qui ne s'épanouissent plus dans un cadre formel où ils devraient respecter les consignes et la hiérarchie, et où ils auraient le sentiment d'être dévalorisés par rapport à leurs diplômes, cantonnés à des tâches d'exécution alors qu'ils veulent conduire des projets.

Sauf que le dirigeant, *startuper* ou non, s'il jette ses forces dans la bataille sans compter, espère au bout du compte que ses efforts seront couronnés de succès et lui rapporteront de l'argent. Certes, il peut faire beaucoup d'efforts et gagner peu, mais il peut aussi parfois obtenir un retour sur investissement conséquent. L'incertitude peut lui être favorable comme défavorable.

Le collaborateur, lui, qu'on fait travailler en mode *start-up* dans un environnement comparable, est toujours perdant. Il l'est potentiellement moins que le startuper, car il a une rémunération garantie, mais il l'est toujours un peu, puisqu'il travaille plus que ce que son contrat impose. C'est là que le modèle suscite nombre de contestations.

La seule promesse que tient l'entreprise envers le salarié est : *« Travaille à la manière d'un dirigeant et tu vivras une expérience en entreprise comparable à celle d'un dirigeant ».* Mais évidemment, il y a un moment où ça coince.

Si, pendant un temps, la rétribution pouvait se trouver dans l'expérience du travail collaboratif, par rapport aux formes plus classiques, cette rétribution disparaît dès que ce qui était spécifique devient ordinaire, autrement dit dès que tout le monde travaille plus ou moins ainsi. On revient alors mécaniquement à une autre demande de rétribution, cette fois financière, au motif qu'on travaille comme un patron sans en avoir le salaire, et on réclame une meilleure prise en compte des horaires, etc.

Celui qui, au milieu de cet environnement en mutation, est parfois décontenancé, c'est l'employeur. Il peut avoir le sentiment que les nouveaux candidats ou salariés posent un niveau d'exigence trop élevé, réclamant des locaux professionnels qui ressemblent à des espaces de vie personnelle, un travail en mode collaboratif, en autonomie, dans l'esprit d'une gouvernance partagée, une rémunération plus élevée, parfois proche de celle d'un dirigeant…

L'employeur est d'autant plus décontenancé qu'il lui est devenu très difficile de lutter, car, à mesure que le modèle s'est répandu, des convergences d'intérêt se sont créées entre les nouveaux arrivants sur le marché de l'emploi. Ces convergences amènent les employeurs à devoir considérer ce qu'ils auraient refusé hier.

La conséquence, c'est que l'employeur peut avoir le sentiment que chacun, peu ou prou, veut pouvoir au sein de l'entreprise être directeur sans en avoir le titre, en avoir les avantages sans en avoir les inconvénients.

L'espace de travail, en se voulant accueillant, devient parfois ambigu : il brouille les rôles, les attentes, les frontières. Et ce flou, entre vie professionnelle et vie personnelle, devient un terrain fertile pour la confusion… et la souffrance.

Le brouillage des frontières vie pro/vie perso

Éprouver du plaisir au travail est aujourd'hui une exigence que l'on pose aux employeurs. On ne s'interroge plus tant sur la possibilité même de ce plaisir, mais plutôt sur la manière dont il peut s'inscrire dans le quotidien professionnel : comment puis-je éprouver du plaisir au travail ? Comment, en tant qu'employeur, puis-je faire en sorte que mes salariés éprouvent ce plaisir ? Autrement dit, ce n'est plus une simple aspiration ou une éventualité, mais une nécessité qui s'impose aux employeurs et une revendication forte des salariés. C'est presque un postulat !

Aujourd'hui, beaucoup de salariés, en particulier chez les jeunes générations, ont des attentes qui dépassent largement la simple rémunération. Celle-ci constitue bien un socle, le minimum auquel ils aspirent, mais au-delà, ils cherchent généralement quatre autres objectifs : de l'autonomie, des responsabilités, des relations de travail de qualité, et enfin, ils expriment le désir de travailler sur des projets qui ont du sens pour eux.

L'autonomie, parce que l'autorité hiérarchique renvoie à la soumission, et se soumettre aux attentes et aux instructions d'autrui n'est jamais agréable. Il est toujours plus facile de gérer son temps comme on l'entend, ce qui explique d'ailleurs l'engouement pour les vacances. Ce n'est pas forcément parce que les vacances sont plus riches que le travail, parfois même on peut s'y ennuyer si elles durent trop longtemps. Mais on les préfère au travail parce qu'on y fait ce que l'on veut, sans injonction extérieure, sans dépendre des autres ni d'un environnement contraignant. On y est, en somme, autonome.

Les responsabilités, parce que chacun a besoin d'être reconnu. Être responsable dans une organisation, c'est reconnaître son importance au sein de celle-ci. Et, en étant responsable, on est aussi plus autonome ; ces deux notions sont étroitement liées : autonomie et responsabilité.

Les relations de travail de qualité : on veut de la bonne humeur, de la convivialité. L'employeur est alors sollicité pour créer les conditions qui permettent d'atteindre cet objectif : pots de départ, fêtes de fin d'année, pauses café…

Enfin, chaque salarié veut travailler sur des projets qui font sens pour lui. Autrefois, on choisissait un métier qui devait nous permettre de nous épanouir dans la vie parce qu'il correspondait à nos qualités, nos compétences, souvent parce qu'on jugeait qu'il y avait matière à gagner de l'argent en exerçant ce métier, et parce que l'on considérait, de manière plus générale, que c'était un beau métier. C'est toujours vrai, bien sûr ! Mais, si aujourd'hui on s'oriente toujours vers un métier, une fonction, notre orientation est double comme l'est devenue la recherche d'emploi, et on s'inscrit tout autant dans une entreprise qui va porter un projet qui fait sens pour nous que dans un métier ou une fonction. Un demandeur d'emploi peut ainsi candidater à un poste dans une entreprise et non au même poste dans une autre entreprise.

Ce sont, notamment, toutes ces raisons qui expliquent la désaffection aujourd'hui pour certains métiers dans certains secteurs d'activités ou encore les difficultés de recrutement éprouvées par certaines entreprises. C'est le cas dans les métiers de l'industrie, par exemple, où il faut respecter scrupuleusement la marche en avant, la méthode HACCP… et où, pour cette raison, les règles s'imposent à nous et à chacun de nos mouvements, mouvements qui doivent s'inscrire dans le respect d'un protocole ou d'un process. On est en industrie dans une organisation qui est très hiérarchisée avec des agents de production placés sous la responsabilité d'un conducteur de ligne, lui-même placé sous l'autorité d'un responsable d'atelier, et donc avec des responsables qui eux-mêmes en étant responsables n'ont que très peu de marges de manœuvre.

Les relations humaines au travail dans un environnement industriel sont de surcroît limitées. Ce sont les machines qui s'imposent à l'homme et ce sont elles qui décident de tout ou presque. Dit autrement, la relation au travail dans l'industrie est d'abord une relation Homme-Machine, tous nos sens, en tant qu'ouvrier sur une chaîne de production, sont concentrés sur cette machine (la vue, le toucher, l'ouïe, l'odorat) et sur ce qu'elle produit, l'automatisation des machines imprimant elles-mêmes des relations humaines qui deviennent automatisées, assujetties à des règles très strictes.

Enfin, de projet, il n'en existe pas dans l'industrie ou s'il existe, il n'existe pas pour l'ouvrier. Un projet, par définition, s'inscrit dans le temps, avec une certaine progressivité, il est marqué par des étapes, une part d'incertitude, il vise un objectif à atteindre à moyen ou long terme. L'usine, c'est pour celui qui y est employé en tant qu'agent de fabrication tout le contraire, c'est l'espace de la répétition, un espace à l'intérieur duquel on va rechercher quotidiennement la reproduction à l'identique de chaque étape de fabrication, cela afin de garantir un niveau de qualité constant. Et pour y parvenir, on vise forcément la suppression de toute forme d'incertitude.

Les Temps modernes de Charlie Chaplin sorti en 1936 reste un film emblématique de ce caractère répétitif et aliénant du travail à la chaîne. La scène où Chaplin, dans le rôle de Charlot, visse des écrous à un rythme effréné sur une chaîne de montage est particulièrement symbolique des conditions de vie difficiles des ouvriers pendant la Grande Dépression. Bien sûr, il est une évidence que depuis lors les choses ont changé, elles ont même changé de manière significative, mais admettons toutefois qu'elles n'ont pas pour autant changé fondamentalement. La décomposition de tâches complexes en de multiples petites tâches simples, leur répétitivité, la cadence propre à une chaîne de production… sont toujours des caractéristiques du travail à l'usine aujourd'hui comme elles l'étaient hier. Et c'est d'ailleurs pour cette raison qu'on introduit très souvent dans l'industrie des temps d'idéation, des temps de réflexion sur l'amélioration des procédés, des cercles de qualité, ceci pour réinjecter dans le travail, d'une certaine façon, une part supplémentaire de projet et de relations humaines.

Demander à l'entreprise d'atteindre ces quatre objectifs : autonomie, responsabilité, qualité des relations, dynamique de projet et sens, place le niveau d'exigence très haut, et pour en revenir à notre question initiale, celle du plaisir, peut-être tombons-nous, là, dans des attentes excessives à l'égard du travail, au-delà même de ce que celui-ci peut raisonnablement nous apporter…

Le plaisir, c'est ce que je ressens potentiellement dans l'exercice d'activités que je pratique pour moi, et ces activités que je pratique pour moi visent d'abord, prioritairement et non secondairement, à me procurer des sensations positives, sans que je ne sois soumis par ailleurs à aucune contrainte d'aucune sorte (ou si peu). Or, quand je travaille, il va de soi que je ne travaille pas pour combler mes désirs, mon activité étant toujours au bénéfice d'un autre (du client ou du consommateur), avec de plus une multitude de contraintes que je dois respecter (des contraintes de temps, d'organisation...)

De fait, si le travail peut secondairement m'apporter de la satisfaction dans la manière dont je l'accomplis, il ne peut pas réellement m'apporter du plaisir. Plaisir et contraintes sont en vérité incompatibles, sauf dans les pratiques sadomasochistes, mais même dans le cas du sadomasochisme, la contrainte est une contrainte que j'ai voulue, et en l'espèce on ne peut même pas réellement considérer qu'il s'agisse d'une contrainte.

Le plaisir relève d'une démarche autocentrée et égoïste. Il y a bien quelques cas où travail et plaisir se rejoignent, certes, mais ils sont rares. Il s'agit alors d'activités qu'on peut exercer dans le cadre personnel et que le talent a pu nous conduire à exercer dans le cadre professionnel, en tirant revenu de ce qui relevait initialement d'un plaisir : le sport, l'écriture, la musique… Et quand ces activités pratiquées initialement par plaisir deviennent un métier, le risque, c'est même que le plaisir s'en aille à mesure que les contraintes apparaissent.

Autrement dit, courir après le plaisir à travers le travail est une quête insensée ou presque toujours insensée. Visons plutôt à ne pas être trop malheureux, c'est plus raisonnable et surtout plus réaliste. Et si nous sommes satisfaits dans l'exercice de notre travail, c'est là merveilleux, mais ce n'est évidemment pas le cas pour tous, tout le temps.

Surtout, cette exigence autour de la quête du plaisir, ou dans une moindre mesure et de manière plus raisonnable cette volonté de s'épanouir au travail, pose un autre problème dans l'organisation : tout le monde peut-il être autonome, responsable, travailler sur des projets, dans une entreprise qui fait sens pour lui et pour chacun des autres membres salariés qui la compose ? Non, bien sûr, c'est rigoureusement impossible.

Il y a nécessairement des attentes qui sont non assouvies chez quantité de salariés. Or, une attente non assouvie est une frustration. Comment vivre cette frustration ? Pour celui qui la subit, l'un des scénarios consiste bien souvent à prendre son mal en patience et à attendre en silence, voire désespérément…, que la situation évolue. Le mal qu'on prend en patience est d'autant plus fort évidemment que l'attente est longue et que l'objet de notre attente nous semble légitime, autrement dit qu'on refuse de nous accorder ce à quoi on pense avoir droit. Or, ce à quoi nous pensons avoir droit en entreprise, c'est en l'occurrence presque toujours plus que le droit, sachant, et nous préférons souvent l'ignorer, que les employeurs ne sont, pour leur part, tenus que par le respect du droit et uniquement le respect du droit, pas davantage.

La frustration ou le mal-être que le salarié peut ressentir, est donc lié, nous pourrions le résumer ainsi, à l'attente qu'il a de l'employeur que celui-ci voit en lui des qualités telles qu'il juge par lui-même juste et sans référence à une application stricte du droit du travail que ses droits sont supérieurs à ce que prévoit la loi.

Pour en sortir, il faut par conséquent trouver des critères d'objectivation partagés, une sorte de baromètre incontestable. Sinon, les attentes auxquelles l'employeur ne répond pas se transforment, dans la perception du salarié, en absence de reconnaissance de sa juste valeur.

La conséquence de cette absence de reconnaissance est le plus souvent le désengagement du salarié. Si on ne me reconnaît pas à ma juste valeur, je me désengage et ce désengagement se traduit soit par une moindre implication dans le travail (je fais le strict minimum, ce pour quoi j'estime être payé), soit par un désengagement contractuel (je démissionne). Et si je ne me désengage pas (il arrive que le travail occupe une telle place dans ma vie que je m'y refuse), l'absence de reconnaissance de mon employeur, va générer chez moi une frustration qui va se transformer peu à peu en mal-vivre, mal-vivre qui va, lui-même, conduire dans sa phase la plus avancée à de la souffrance ; la différence entre le mal-vivre et la souffrance se trouvant dans la durée et l'intensité. C'est précisément la différence qui existe entre ressentir une douleur passagère et être malade. Chacun se remet d'une situation qu'il vit mal, comme il se remet d'une douleur passagère. Si la situation dure trop longtemps ou si la douleur dure trop longtemps, elle devient une affection. Cette affection, lorsqu'elle est liée au décalage entre ce que m'octroie mon employeur et ce que je considère qu'il devrait légitimement m'octroyer, c'est ce qu'on appelle le *burn-out*, le burn-out résulte en effet du décalage entre ce que j'attends de mon travail et la réalité de mon travail.

La seule guérison possible devient alors l'éloignement du salarié, une forme de désengagement imposé. Et quand le salarié ne se désengage pas, par lui-même, au travers une démission, c'est fréquemment l'arrêt de travail qui va lui permettre de s'extraire de cette situation qui le met en souffrance.

Le salarié en *burn-out* s'en sortira d'autant mieux et plus vite qu'il parviendra à couper complètement avec son environnement de travail. Il lui faudra couper physiquement en supprimant tout contact avec celui-ci, mais réussir aussi à couper psychologiquement en évitant d'y penser trop : trop souvent, trop intensément.

C'est là où réside toute la difficulté bien sûr, parce qu'il ne s'agit pas uniquement de ne pas être présent sur le lieu de son travail pour ne pas ressentir l'injustice. Et c'est d'ailleurs la raison aussi pour laquelle soigner le burn-out passe souvent par la nécessité d'occuper son esprit à faire autre chose, et de s'engager dans d'autres activités qui feront que non seulement le salarié va oublier son travail, celui qui l'a conduit au burn-out, mais qu'il trouvera par ailleurs matière à reconnaissance implicite, ainsi qu'estime de soi dans l'exécution de tâches liées à cette nouvelle activité.

Assez souvent, cela passe par l'exercice d'un travail manuel pour lequel on obtient une satisfaction quasi immédiate à constater que l'on est capable de faire ce dont on se croyait jusqu'ici incapable. C'est le cas, quand on n'a jamais pratiqué la poterie par exemple, et que subitement, au cours d'un stage, on réalise qu'on est en mesure de fabriquer un vase ou je ne sais quel autre objet en terre. Que de sensations positives, j'éprouve alors, mon égo s'en trouvant si ce n'est flatté, au moins rassuré ! La réussite agit, ici, comme une pommade qui viendrait cicatriser une blessure.

Le second remède à cette frustration qui possiblement peut conduire le salarié jusqu'au *burn-out*. c'est la capacité que ce salarié aura à relativiser. Au fond, est-ce que mes attentes vis-à-vis de mon patron ne sont pas trop grandes ? Si à cette question je réponds oui, il est probable qu'après un arrêt de travail, un épisode de *burn-out*, je sois en capacité de reprendre mon activité première, mais si à cette question je réponds non, même si je me suis en partie reconstruit pendant un arrêt de travail, je ne pourrai pas reprendre mon poste dans la même entreprise ou si je le reprends, je ne le reprendrai vraisemblablement que de manière provisoire parce que le risque de rechute sera grand, les mêmes causes produisant les mêmes effets…

Il n'est pas rare, après une rechute, que certains salariés se réorientent dans une activité à laquelle ils ont goûté pendant leur convalescence et qui leur donnait tellement de satisfactions. Ils deviennent potiers, éleveurs de chèvres, que sais-je encore… Bien souvent, ils créent leur propre entreprise pour ne plus être soumis au jugement des autres. Ainsi, leur estime de soi ne dépend plus de personne. Ils sont leur propre patron et exercent un métier composé d'activités, de tâches dont la seule exécution leur procure, si ce n'est plaisir, au moins satisfaction.

Ce que nous pouvons en conclure, c'est aussi qu'à force de vouloir tout concilier, on finit parfois par ne plus savoir où l'on est, ni ce que l'on attend vraiment du travail. Il est alors temps de regarder ailleurs : vers ce qui nous relie autrement.

Ce qu'il faut garder en tête

Le travail, longtemps pilier de l'identité, ne suffit plus à faire tenir les existences. Il ne suffit plus à créer du lien, à donner du sens, à garantir la reconnaissance. Les jeunes générations ne veulent plus seulement un emploi : elles veulent un projet, une cohérence, une expérience. Mais l'entreprise, elle, reste souvent structurée par des logiques anciennes : hiérarchie, contrôle, rentabilité. Le fossé se creuse entre attentes et réalités, entre promesses et pratiques. Et dans ce décalage, naissent la frustration, le désengagement, parfois la souffrance. Le travail devient alors un lieu de tension, où chacun cherche à concilier l'individuel et le collectif, l'épanouissement et la contrainte. La transition, ici, ne peut se faire sans une redéfinition profonde de ce que travailler veut dire, et de ce que cela vaut.

CHAPITRE 6

Quand le local révèle les tensions du global

Le territoire n'est pas un décor. Il est un acteur, un révélateur, un miroir. À travers lui se jouent les tensions entre enracinement et ouverture, entre héritage et innovation. Cette étape de la traversée explore comment les lieux que l'on habite (ou que l'on transforme) nous parlent de nous-mêmes.

« J'ai voulu relier, on m'a accusé de diviser »

« J'ai voulu relier les mondes : l'agriculture et l'innovation, la tradition et l'avenir, le local et le global. Mais on m'a dit que je fragmentais. Que je dénaturais. Que je trahissais l'histoire. Ce jour-là, j'ai compris que relier, c'est aussi déplacer. Et que tout déplacement fait peur ».

La ville et la campagne : entre modernité et enracinement

Aujourd'hui, recréer du lien avec le territoire est devenu indispensable. Ce lien s'est affaibli, voire perdu, entre les individus et les lieux dans lesquels ils vivent.

Autrefois, quand on faisait connaissance avec quelqu'un, la première question était souvent : « D'où viens-tu ? » Cela montrait combien l'origine géographique jouait un rôle fort dans l'identité d'une personne. On croyait que le territoire modelait l'individu. Cette question a été remplacée par une autre question : « Que fais-tu dans la vie ? » Ce changement de réflexe n'est pas anodin. Il reflète un basculement. Notre métier, notre rôle dans l'économie, est devenu plus important que notre origine territoriale. Nous nous définissons davantage par ce que nous faisons que par l'endroit d'où nous venons.

Pourquoi ce changement ? Les territoires en France ont été aménagés de façon similaire, avec des centres-villes, des zones commerciales, des ronds-points… Cela a entraîné une perte de singularité locale. Les découpages administratifs y ont aussi contribué. Par exemple, une intercommunalité (EPCI regroupe plusieurs communes sur des critères essentiellement fonctionnels (transports, services…. Mais cela ne veut pas dire que ces territoires ont une identité culturelle ou paysagère commune.

À l'inverse, un Pays, en géographie, désigne une zone naturelle et humaine cohérente : même paysage, même histoire, même mode de vie.

Aujourd'hui, nous vivons dans un monde où l'économie est au centre de tout. Le pouvoir est entre les mains des acteurs économiques, et chacun de nous est vu d'abord comme un acteur du marché. Même nos loisirs sont devenus économiques : le shopping n'est plus seulement un moyen de se vêtir ou de se nourrir, mais un plaisir, une activité de consommation pour elle-même.

Et pourtant… Dans un passé pas si lointain, le territoire était au cœur de l'identité. Un paysan de l'ouest n'était pas défini par son métier (paysan, comme celui du sud), mais par son attachement à sa terre, son dialecte, son patrimoine local. Ce qui le différenciait, ce n'était pas ce qu'il faisait, mais où et comment il le faisait.

Aujourd'hui, on tend à oublier cette dimension humaine et enracinée, et on glisse vers une vision où le métier l'emporte sur l'ancrage, où le global écrase le local.

Recréer du lien au territoire, c'est par conséquent, redonner une place à l'appartenance locale dans nos identités, sans renier les apports du monde économique. C'est refaire du lieu de vie un repère, et non un simple point sur une carte administrative. C'est, finalement, remettre de l'humain dans nos vies trop uniformisées, en redonnant un sens à l'attachement territorial, pour mieux vivre ensemble dans un monde en transition. Ce que nous appelons territoire n'est pas un simple espace : c'est une mémoire, une promesse, un équilibre fragile entre ce qui fut et ce qui pourrait advenir.

Mais relier les mondes ne va jamais sans heurts. Car derrière les paysages, ce sont des représentations qui s'affrontent. Et pour penser la transition, il faut aussi repenser les équilibres territoriaux.

Repenser les équilibres territoriaux pour la transition

La mondialisation a transformé notre rapport aux territoires. Elle a enrichi les échanges, stimulé les mobilités, et produit une véritable effervescence économique et culturelle. Mais elle a aussi provoqué une uniformisation : mêmes produits, mêmes enseignes, mêmes paysages, ici comme ailleurs. Ce phénomène a été rendu possible par une réorganisation des espaces, marquée notamment par l'exode rural.

Pendant des décennies, des millions de personnes ont quitté la campagne pour la ville, portées par une promesse : celle de la modernité. Pourquoi la ville représentait-elle la modernité ? Parce que ce qui est moderne est perçu comme nouveau, tourné vers le futur, en rupture avec l'ordre ancien. Dans les années 60-70, quitter la campagne, c'était souvent fuir un mode de vie hérité, rigide et prédéfini : une activité agricole transmise de génération en génération, des normes sociales strictes, une forte présence de l'Église, des mariages arrangés. Le destin semblait tracé d'avance.

La ville, à l'inverse, incarnait la liberté individuelle. On y devenait ouvrier, technicien, cadre. On échappait aux regards du village, on accédait à des formes nouvelles de travail, de consommation, de sociabilité. La ville était aussi le lieu du progrès technique et scientifique : là où s'inventait le futur. Tandis que la campagne continuait de fonctionner dans un rapport organique à la nature, la ville construisait un monde artificialisé (routes, immeubles, bureau) où l'on consommait des biens transformés, emballés, souvent venus de loin.

Cette opposition a longtemps structuré les représentations collectives. La ville, c'était l'avenir ; la campagne, le passé. À la ville, on choisissait (ou croyait choisir) son destin ; à la campagne, on le subissait. Cette vision, portée par la culture populaire des années 70-80 (chansons, films, romans), a justifié en grande partie le déplacement massif vers les zones urbaines.

Or, aujourd'hui, ce clivage s'effrite. Les grandes métropoles saturent, les inégalités s'y creusent, la pollution y progresse. Parallèlement, la campagne (ou du moins certaines petites villes) regagne en attractivité : mode de vie plus simple, recherche d'un lien renoué avec la nature, quête de qualité de vie.

Lorsqu'on observe des mouvements de population d'une telle ampleur (comme l'exode rural en France au XXe siècle), on remarque qu'ils obéissent presque toujours à trois mécanismes fondamentaux :

-le territoire d'arrivée doit d'abord faire rêver. On ne s'installe pas par hasard. Un territoire attire quand il évoque une vie meilleure, plus confortable, plus libre. La ville, dans les années 60, représentait cet eldorado.

-ensuite, les conditions d'accueil doivent exister. Le rêve ne suffit pas. Encore faut-il pouvoir s'y loger, y travailler, y faire scolariser ses enfants. C'est pourquoi des villes nouvelles et des grands ensembles ont été créés : pour accueillir ces nouveaux urbains.

-enfin, il faut un déclencheur pour partir. Personne ne quitte son territoire sans raison. Ce sont les ruptures (perte d'emploi, changement de vie, crise économique) qui poussent à franchir le pas. Et à cette époque, la mécanisation de l'agriculture avait justement réduit le besoin de main-d'œuvre, forçant nombre d'agriculteurs ou d'enfants d'agriculteurs à se reconvertir ailleurs.

Ces trois conditions (imaginaire collectif, infrastructure disponible, et déclencheur personnel) ont convergé pour faire de la ville le nouveau centre de gravité de la société. Dès lors, la ville est devenue bien plus qu'un lieu de passage ou d'échange : elle est devenue un lieu de vie permanent, concentrant les fonctions économiques, sociales et culturelles.

En concentrant plus de 70 % de la population sur à peine 20 % du territoire, on a créé les conditions idéales pour une économie mondialisée : produire, distribuer, consommer, toujours plus vite, toujours plus loin, dans les zones urbaines. Mais aujourd'hui, face aux limites écologiques de ce modèle (pollution, artificialisation, rupture avec les cycles naturels), il est temps de repenser nos équilibres territoriaux. Pour construire une économie plus respectueuse de l'environnement, une société du mieux-vivre et non du toujours-plus, il nous faut décentraliser les activités et les services, revitaliser les zones rurales et périurbaines, et rétablir une forme d'équité territoriale.

La question n'est plus ville contre campagne, mais comment relier autrement les territoires, dans un système plus durable, plus juste, et plus humain. Il ne s'agit plus d'opposer les lieux, mais de comprendre comment les relier autrement, dans un monde où les distances ne sont plus seulement géographiques

La mondialisation effrénée, la croissance économique au détriment de l'environnement, la détérioration du bien-être au travail… sont autant de symptômes d'un profond déséquilibre dans notre manière d'occuper l'espace. En quelques décennies, nous avons rompu ainsi certains équilibres naturels. Il est temps de repenser nos territoires comme des écosystèmes à part entière.

Dans la nature, chaque élément (plante, animal, sol, climat...) interagit avec les autres. L'ensemble forme un système auto-régulateur. Mais dès qu'on déplace une espèce hors de son milieu naturel, cet équilibre se rompt, parfois violemment. Le lapin de garenne, introduit en Australie, a dévasté les cultures faute de prédateurs. L'écrevisse de Louisiane, apparue accidentellement dans le parc de Brière, a mis en péril la biodiversité locale. Et ce qui vaut pour les espèces animales vaut aussi pour l'Homme.

L'intelligence humaine est à la fois une force et une faiblesse. Fort de ses capacités d'adaptation, l'Homme a concentré 80 % de la population sur seulement 20 % du territoire. Mais cette concentration urbaine provoque des atteintes graves à la biodiversité, une pression écologique intenable, et un mal-être croissant. Le réchauffement climatique, la perte d'espèces, les crises sanitaires ou psychiques : tout indique que nous avons franchi des seuils critiques.

Certaines voix prônent pourtant encore aujourd'hui une densification urbaine accrue, pour « laisser la nature tranquille». Cette idée bien qu'en apparence logique sous certains aspects, se heurte pourtant à plusieurs impasses.

D'abord, elle repose sur une vision erronée : celle d'une opposition entre l'Homme et la nature. Or, l'Homme fait pleinement partie de l'écosystème Terre. Dans bien des cas, l'activité humaine participe de l'entretien de la biodiversité : prairies, garrigues, alpages abritent une richesse écologique qui disparaîtrait sans intervention humaine. Vouloir couper tout lien avec ces milieux, c'est risquer de les perdre.

Ensuite, cette approche est inapplicable : la production agricole a besoin d'espace par exemple. L'idée de nourrir des millions d'urbains par des potagers en toiture ou des fermes verticales, comme on a pu le faire ponctuellement au Japon, est techniquement limitée et économiquement insoutenable. En ville, l'agriculture ne peut être qu'intensive : coûteuse, polluante, peu variée.

Enfin, cette idée est dangereuse car elle renforce la séparation entre l'Homme et son milieu. L'erreur du passé a été pour l'Etre humain de se croire au-dessus des autres espèces, d'exploiter la planète sans limites. Enfermer les humains dans des zones circonscrites, même au nom de l'écologie, revient à prolonger cette logique de déconnexion.

Plutôt que de contraindre les populations dans un périmètre, mieux vaut encadrer. Plutôt qu'interdire le contact avec la nature, mieux vaut responsabiliser. La liberté de vivre là où l'on veut est une valeur centrale. Il faut penser des politiques qui incitent à une meilleure répartition de la population, qui redonnent une place à chaque territoire, qui soutiennent les activités rurales durables et relient les humains à leur environnement.

Réussir la transition écologique et sociale, c'est repenser notre organisation spatiale. C'est sortir d'une logique de concentration au profit d'une approche écosystémique, dans laquelle l'Homme retrouve sa place : non pas comme un maître de la nature, mais comme un de ses membres, responsable, conscient et interdépendant. Peut-être est-ce là, dans cette reconnaissance du vivant, que se joue la prochaine étape de notre rapport au monde : non plus dominer, mais cohabiter.

Le droit de la nature : vers une nouvelle reconnaissance juridique

Dans notre société moderne, la liberté repose sur un principe clair : chacun peut faire ce qu'il veut tant qu'il ne nuit pas aux autres. Pour garantir cela, l'État veille à protéger les droits de chacun.

Mais si la nature subit elle aussi des dommages, ne devrait-elle pas, elle aussi, être protégée en tant que véritable sujet de droit, et non plus seulement comme un objet de protection ? Aujourd'hui, certes, on adopte bien des lois pour encadrer les activités humaines et préserver l'environnement, mais ces lois ne sont-elles pas pensées, votées et appliquées par les Hommes, pour les Hommes ? Et même quand elles prétendent défendre la nature, elles le font bien souvent dans l'intérêt humain, pour protéger notre santé ou éviter les catastrophes climatiques qui nous menacent. Autrement dit, nous agissons surtout quand nous sommes nous-mêmes en danger, pas forcément pour la nature en tant que telle.

Et pourtant, la nature subit des agressions quotidiennes (déforestation, pollution, extinction d'espèces) sans pouvoir se défendre. Elle n'a pas accès aux tribunaux, elle ne peut pas porter plainte. Contrairement à certaines personnes fragiles ou à des entités comme les entreprises, à qui l'on reconnaît une personnalité juridique, la nature n'a pas aujourd'hui de représentant légal pour parler en son nom. Si on lui reconnaissait ce statut, alors une association ou un collectif pourrait agir en justice pour faire valoir ses droits et demander réparation des préjudices causés. Cela impliquerait de revoir notre manière d'évaluer les atteintes à l'environnement, non plus seulement comme des infractions à des règlements, mais comme de véritables actes de violence contre une entité vivante et essentielle à notre survie collective.

Le débat est complexe. Car si l'on reconnaît à la nature un droit à vivre, jusqu'où doit-on aller ? Faudrait-il interdire la chasse, la pêche, l'abattage des arbres ? Cela semble difficile, car il s'agit aussi d'activités humaines légitimes quand elles restent raisonnables et ne mettent pas en danger l'équilibre global. Ce qui compte, c'est peut-être de garantir que l'exploitation de la nature permette son renouvellement. L'enjeu est donc moins de protéger chaque arbre ou chaque fleur individuellement, que de préserver la capacité globale de la nature à se régénérer.

Attribuer une personnalité juridique à la nature, ce serait donc reconnaître que, comme pour une entreprise ou une personne vulnérable, il existe un intérêt à long terme à la défendre formellement dans notre système légal. D'autant plus que nous avons déjà su faire ce choix pour l'entreprise, qui est aujourd'hui au cœur du système économique. Si nous sommes capables de donner ce pouvoir à une entité créée pour produire de la richesse, pourquoi ne le ferions-nous pas pour la nature, qui permet tout simplement la vie ?

Cela ne signifie pas empêcher toute activité humaine, ni interdire toute forme d'exploitation des ressources, mais poser des limites claires. Ce serait aussi un moyen de mieux évaluer les conséquences des actions humaines, et de renforcer les responsabilités. Dans un monde où la transition écologique est devenue urgente, il semble donc logique, sinon indispensable, de repenser notre rapport juridique à la nature, et d'ouvrir la voie à sa reconnaissance comme véritable sujet de droit.

Si l'on admet que la nature doit devenir un véritable sujet de droit, qu'elle doit bénéficier de lois qui la protègent et d'autorités chargées de faire appliquer ces lois, alors il faut aussi se demander qui doit avoir le pouvoir de juger et de contrôler ces règles : chaque pays individuellement ou une instance internationale ? Traditionnellement, c'est l'État qui détient ce pouvoir, car il est souverain sur son territoire. Mais comme pour d'autres domaines (comme le droit européen ou les juridictions internationales pour les crimes contre l'humanité) on peut imaginer une articulation entre droit national et droit supranational. Cela existe déjà, et ça fonctionne. Chaque pays garde son autonomie, mais dans un cadre plus large, celui d'un ensemble de règles communes. Ce principe de subsidiarité permet donc d'agir à plusieurs niveaux sans remettre en cause l'identité ou la souveraineté des États. Et c'est d'autant plus logique que le monde d'aujourd'hui est interconnecté : nos choix, nos productions, nos déplacements ont souvent des conséquences bien au-delà de nos frontières. Si l'impact de nos actions est mondial, les règles ne peuvent plus rester uniquement locales. Il est donc nécessaire de penser une gouvernance globale, qui n'annule pas les pouvoirs locaux mais les complète, en particulier sur les sujets environnementaux. Le changement climatique, la pollution des océans ou la disparition des espèces ne s'arrêtent pas aux frontières.

Et dans le même temps, il faut aussi redonner du pouvoir aux territoires pour accélérer la relocalisation des activités économiques, car produire et consommer localement est souvent bien plus respectueux de l'environnement.

Le vrai enjeu n'est pas de choisir entre l'échelle locale ou mondiale, mais de bien répartir les responsabilités selon les effets de nos actions. Plutôt que d'opposer les modèles idéologiques (libéralisme, souverainisme, altermondialisme ou européisme) il faut adopter une approche pragmatique : agir à l'échelle la plus pertinente selon les enjeux. C'est seulement ainsi qu'une gouvernance équilibrée, à la fois mondiale et locale, pourra répondre efficacement à la crise écologique que nous traversons.

Ce qu'il faut garder en tête

Le territoire n'est pas un simple décor : il est un acteur, un révélateur, un miroir. À travers lui, se jouent les tensions entre enracinement et mobilité, entre héritage et innovation. La ville, longtemps perçue comme le lieu du progrès, montre aujourd'hui ses limites. La campagne, autrefois délaissée, redevient désirable. Mais cette bascule ne va pas de soi. Elle suppose de repenser les équilibres, de relier autrement les espaces, de redonner du sens à l'ancrage. Et surtout, de reconnaître que la nature n'est pas un objet à protéger, mais un sujet à respecter. La transition territoriale, si elle veut être juste, doit articuler le local et le global, le droit et le vivant, la liberté et la responsabilité. Elle ne peut se faire sans une nouvelle grammaire du lieu.

CHAPITRE 7

Quand il faut continuer malgré tout

Après la tempête, il ne reste parfois que des ruines. Mais aussi des leçons. Ce dernier chapitre n'est pas celui de la résolution, mais de la lucidité. Il interroge ce qu'il reste à faire, à dire, à transmettre, quand le mot « transition » a perdu son innocence — mais pas sa nécessité.

« J'ai cru que les faits suffiraient »

« J'ai cru que les chiffres parleraient pour moi. Que les résultats, les créations d'emplois, les projets, suffiraient à convaincre. Mais j'ai découvert que dans un monde saturé d'opinions, les faits ne suffisent plus. Il faut raconter. Il faut incarner. Il faut, parfois, se justifier d'avoir voulu bien faire ».

L'intelligence artificielle pour révolutionner le monde

L'intelligence artificielle va-t-elle révolutionner notre vie ? Et si oui, constituera-t-elle un élément fondamental de la transition ? Il semble aujourd'hui évident que oui. L'intelligence artificielle est une technologie d'une puissance exceptionnelle, et comme toute technologie de rupture, elle bouleversera notre quotidien.

Contrairement aux innovations incrémentales, qui améliorent ce qui existe déjà, une innovation de rupture introduit une discontinuité majeure. Elle transforme, modifie en profondeur, provoque des ruptures dans les usages, les pratiques, les métiers, et c'est bien ce qu'annonce l'intelligence artificielle. Dès lors, la question n'est plus tant de savoir si elle changera nos vies, mais plutôt comment, à quelle échelle, et à quel rythme. Et comme toute rupture, elle ne se fera pas sans heurts : elle engendrera des pertes, des destructions, et provoquera des disparitions (non pas tant biologiques que sociales, économiques, professionnelles). Comme toute révolution, elle portera en elle sa part de violence.

Il faut donc regarder les choses en face. Des tâches vont disparaître, certaines fonctions vont devenir obsolètes. Des métiers seront profondément transformés, d'autres seront supprimés. Il y aura des entreprises qui fermeront, des secteurs qui se contracteront, des individus qui perdront leur emploi, du moins temporairement. En ce sens, l'intelligence artificielle provoquera des morts économiques. Mais elle provoquera aussi des naissances. Car comme toute technologie d'ampleur, elle générera également des opportunités nouvelles, de nouveaux métiers, de nouvelles manières de produire, de travailler, de vivre. L'intelligence artificielle, en s'insérant dans nos sociétés, va transformer en profondeur l'organisation du travail, et ce dans tous les secteurs : agriculture, industrie, services. Elle ne concernera pas seulement les ingénieurs, les informaticiens ou les analystes, elle concernera tout le monde. Il n'y a pas de secteur d'activité qui puisse s'en considérer totalement à l'écart.

La spécificité de cette technologie, c'est qu'elle agit sur le savoir lui-même, sur notre manière de comprendre, de trier, de manipuler l'information. Elle reproduit, dans une certaine mesure, des processus cognitifs auparavant réservés aux humains : observation, comparaison, traitement, synthèse. Ce que les machines faisaient pour soulager les Hommes dans leurs efforts physiques, l'intelligence artificielle est en train de le faire pour soulager les Hommes dans leurs tâches intellectuelles répétitives, fastidieuses, peu stimulantes. Là où la robotisation a automatisé les gestes, l'IA automatise les raisonnements de base. Elle libère du temps, mais elle impose aussi de redéfinir les contours de ce qu'est un travail utile, de ce qu'est une intelligence humaine irremplaçable. Elle oblige à nous concentrer sur ce que la machine ne peut pas faire : ressentir, imaginer, improviser, comprendre une nuance, une émotion, une intention.

C'est là que réside la plus grande transformation : dans l'obligation de repenser ce que signifie *« travailler »*, *« apprendre »*, *« créer »*. Car cette technologie est partout. Elle s'invitera dans les bureaux d'étude, dans les hôpitaux, dans les champs, dans les écoles, dans les usines. Elle sera présente dans les tracteurs autonomes, dans les machines capables de trier des fruits à maturité, dans les outils d'analyse de données médicales, dans les interfaces éducatives, dans les décisions industrielles, dans les stratégies commerciales. Chaque secteur devra l'intégrer, l'encadrer, s'y adapter. Elle modifiera nos façons d'agir, mais aussi, à terme, nos façons de penser. Car l'outil change le geste, et le geste change l'esprit. Ce que nous faisons conditionne ce que nous devenons. Et si l'intelligence artificielle nous libère d'un certain nombre d'actions mécaniques, elle nous met aussi face à l'enjeu d'occuper autrement notre attention, notre temps, notre conscience.

Rien pourtant ne dit que l'intelligence artificielle remplacera l'intelligence humaine. Elle peut imiter, elle peut reproduire, elle peut simuler, mais elle reste fondamentalement une. L'intelligence humaine, elle, est infiniment multiple, singulière, incarnée. Elle naît d'un corps, d'une histoire, d'une culture. Elle se nourrit de doutes, de contradictions, d'intuitions. Elle évolue, elle échoue, elle apprend, elle change. Aucun programme, aussi perfectionné soit-il, ne pourra égaler cette complexité vivante. L'intelligence artificielle n'annule donc pas l'intelligence humaine, elle peut au contraire en révéler la richesse, les aspérités, la profondeur. Elle est un miroir technique qui nous pousse à redécouvrir ce que signifie vraiment être humain.

Son apport à la transition écologique dépendra de ce que nous en ferons. L'intelligence artificielle n'a pas de volonté propre. Elle ne sauvera pas la planète d'elle-même. Mais elle peut être un allié si nous la mettons au service de la sobriété, de la relocalisation, de la réduction des impacts, de la résilience. Elle peut optimiser, anticiper, réguler. Mais là encore, c'est l'usage qui en est fait qui importe. Et c'est à nous, à travers nos choix collectifs, politiques, économiques, de décider de cet usage. Ce qui est certain, en revanche, c'est qu'elle contribuera à reconfigurer la place de l'Homme dans son environnement, et donc à redéfinir la relation que nous entretenons avec la Terre. Et cela seul suffit à en faire un outil de transition possible. Il ne tient qu'à nous de la mettre au service de cette transition. Mais toute révolution technologique pose une question plus vaste : que voulons-nous préserver ? Car derrière les promesses de l'intelligence artificielle, c'est notre rapport à la richesse, à la vie, à la planète qui se redessine.

Richesse et environnement : un équilibre impossible ?

Il y a une question simple, mais décisive, que chacun de nous devrait se poser, individuellement et collectivement : souhaitons-nous améliorer nos conditions de vie sur Terre, ou préserver la vie sur Terre ?

On pourrait répondre : *« Il faut d'abord vivre pour pouvoir être heureux »*. Mais dans les faits, ce choix n'est pas si simple. Et si notre objectif est vraiment de préserver la vie sur Terre, alors cela implique des changements profonds dans nos modes de vie… et surtout une transformation du rôle des entreprises. Car aujourd'hui, ce sont elles qui ont le plus d'impact sur l'environnement. Et pourtant, la grande majorité reste guidée par un objectif central : la croissance, autrement dit la création de richesses. Peu encore font de la préservation de la planète une priorité équivalente.

Pourquoi ? Parce que l'humain cherche spontanément le bonheur dans ce qu'il possède. On sait que *« l'argent ne fait pas le Bonheur »*, mais on admet volontiers qu'il y contribue : il permet de se loger, de voyager, de bien manger, de se soigner… et surtout, de s'alléger de la peur de manquer. Mais soyons lucides : Être riche rend-il heureux ? Pas forcément. On peut être riche et profondément malheureux. La richesse ne protège pas de la tristesse, elle ne fait que la rendre plus confortable. Quand ça ne va pas, on peut partir une semaine dans un hôtel spa, cela ne guérit rien, mais ça apaise.

Et encore faut-il désirer ce qu'on peut s'offrir. Si vous pouvez tout acheter, vous ne désirez plus rien, et les plaisirs perdent leur intensité. En ce sens, la richesse console surtout ceux qui ne l'ont pas encore.

Malgré cela, peu de gens refuseraient la richesse. Même si une forme de modestie devient socialement valorisée, rares sont ceux qui renoncent volontairement à un bon salaire. Il existe certes des exceptions : des personnes quittent leur emploi de bureau pour cultiver la terre, tenir une épicerie, ou vivre simplement dans une ZAD. Certains parlent de « sobriété heureuse ». Mais ces profils restent marginaux, et souvent, ils ne quittent pas vraiment la richesse : ils échappent plutôt à un mode de vie stressant plus qu'à un réel confort matériel. Ce n'est pas la fortune qu'ils abandonnent, mais la pression.

Il y a aussi ceux qui dénoncent la concentration excessive des richesses, et pourtant… l'histoire ne manque pas de riches qui critiquent les riches, mais très peu renoncent réellement à leur fortune. Alors faut-il opposer richesse et sobriété ? Croissance et environnement ? Peut-être que le vrai sujet est ailleurs. Opposer ces deux objectifs, c'est risquer que le match soit joué d'avance. C'est se condamner à l'impasse. La question n'est plus : faut-il choisir ? La question est : comment les faire cohabiter ? Comment créer de la richesse sans détruire le vivant ? Comment transformer l'entreprise pour qu'elle produise de la valeur sans fragiliser les équilibres naturels ?

Quand on parle de transition écologique, ce n'est pas la croissance en soi qu'il faut remettre en cause, mais les conditions dans lesquelles cette croissance se produit.

Le confinement nous a donné un aperçu de ce possible basculement : la nature qui reprend sa place, les grandes villes désertées, le télétravail qui redéfinit notre rapport au travail, au temps, au lieu. Puis, quelques mois plus tard, les gilets jaunes ont rappelé que la question du pouvoir d'achat, elle aussi, est vitale. Ces deux moments (l'un écologique, l'autre social) nous disent en vérité une chose simple : le monde de demain devra concilier croissance, travail, et biodiversité.

Tant qu'on opposera ces deux objectifs (richesse et environnement) il n'y aura de transition qu'à moitié possible. Or, ce qui est à moitié possible… ne l'est pas. On peut, ou on ne peut pas. Opposer richesse et environnement, c'est en effet risquer de rester immobile.

Mais peut-être, dans cette dichotomie, avons-nous oublié que nous disposions d'un levier puissant : le vouloir d'achat.

Le vouloir d'achat : levier oublié de la transition

L'entreprise essaie, par le *marketing* et la publicité, de nous convaincre que ses produits sont indispensables. Mais en réalité, elle a besoin de vendre bien plus que nous avons besoin d'acheter. Le consommateur n'est pas toujours conscient de cette force qu'il détient. Pourtant, c'est lui qui décide. Encore faut-il qu'il en ait conscience et qu'il exerce cette liberté de façon éclairée. Cela demande de la pédagogie, de l'information, et un vrai travail sur les représentations que nous avons de nos besoins.

Par exemple, beaucoup pensent que l'agriculture biologique est synonyme d'une production entièrement *« naturelle »*, sans recours aux antibiotiques. Pourtant, l'usage de ces médicaments est autorisé en élevage biologique, à condition qu'il soit raisonnable. Cela peut surprendre, mais en réalité, soigner un animal avec un antibiotique, c'est aussi respecter son cycle de vie naturel, en l'aidant à combattre une infection qui menace son équilibre. Le véritable enjeu n'est donc pas l'usage ponctuel d'antibiotiques, mais leur fréquence, car un usage excessif peut laisser des résidus dans la viande, et c'est alors le consommateur qui, sans le vouloir, ingère ces substances inutiles, portant atteinte à sa propre santé. Cet exemple illustre à quel point notre compréhension des labels et des signes de qualité reste souvent partielle, soulignant aussi l'importance d'une information claire et approfondie pour que le vouloir d'achat devienne un acte conscient.

Il ne s'agit pas de culpabiliser mais de comprendre que la solution est aussi en nous. Réconcilier les impératifs de fin de mois et ceux de la fin du monde suppose une consommation plus réfléchie. D'autant plus qu'en choisissant de ne pas acheter certains produits ou de le faire autrement, le consommateur peut, paradoxalement, faire baisser les prix. C'est une logique de marché : si la demande chute, l'offre s'adapte, souvent en réduisant les prix. C'est ainsi que l'exercice du vouloir d'achat peut redonner du pouvoir d'achat. Ce mécanisme reste encore peu utilisé consciemment, car on nous pousse à consommer ce qui est agréable, au-delà de l'utile. Et plus un produit est inutile, plus il semble même parfois valorisé, car il devient un symbole d'attention ou de distinction, notamment lorsqu'il est offert.

Ce glissement de l'utile vers le futile est au cœur de la société de consommation. On ne consomme plus seulement pour répondre à un besoin, mais pour exprimer un statut, un sentiment ou une émotion. Cela rend la régulation de la consommation difficile, car elle touche à des ressorts psychologiques profonds. Pourtant, c'est en faisant appel à la raison du consommateur qu'on pourra espérer faire évoluer les comportements, en complément des efforts déjà engagés dans l'information ou l'éducation à la consommation.

Mais l'entreprise a aussi un rôle à jouer. Si elle ne change pas ses modes de production, elle devra faire face à une multiplication des normes environnementales. Et plus ces normes seront nombreuses et contraignantes, plus elles pèseront sur sa liberté d'innover et de créer. Or, la création est au cœur de l'acte d'entreprendre. Trop de contraintes finissent par tuer cette dynamique. Les entreprises risquent d'être étranglées si elles ne prennent pas les devants. Et certaines en sont déjà conscientes, notamment parce qu'elles ont un horizon plus long que celui des consommateurs : elles doivent se projeter dans l'avenir, anticiper, investir. Une entreprise ne peut pas vivre au jour le jour.

C'est en ce sens qu'on peut espérer un point de bascule. Quand la survie même de l'entreprise sera menacée par l'inaction, elle changera. Le problème n'est donc pas une absence de solutions, mais de timing. L'entreprise doit évoluer avant d'être acculée. Et cette transformation pourra se faire plus facilement si elle perçoit que les consommateurs, eux aussi, changent. Le vouloir d'achat peut alors devenir un contre-pouvoir puissant, capable d'orienter l'offre, de faire pression sur la production, et de réconcilier les enjeux économiques et écologiques.

Encore faut-il bien entendu que l'offre suive. Et cela suppose de produire autrement, de consommer autrement. De repenser, en somme, toute notre économie.

Produire mieux, et consommer mieux

Parler de transition écologique sans évoquer la production et la consommation serait incomplet. Ce sont en effet ces deux dimensions qui ont l'un des plus grands impacts sur l'environnement. Si nous voulons réduire les atteintes à la planète, nous devons apprendre à produire mieux et à consommer mieux. Cela signifie d'abord produire et consommer en moindre quantité. Ce constat paraît simple, mais il se heurte à un défi de taille : la croissance démographique. Plus nous serons nombreux, plus nous serons susceptibles de consommer, sauf si nous parvenons à rompre ce lien entre le nombre d'habitants et le volume de consommation.

Pour produire et consommer mieux, il est indispensable de prolonger la durée de vie des objets. Cela passe par la lutte contre l'obsolescence programmée, mais aussi par la promotion de métiers aujourd'hui en déclin comme ceux de réparateurs, couturières, cordonniers ou encore réparateurs d'électroménagers. Ces professions permettaient autrefois de faire durer les objets, de leur donner une seconde vie, et pourraient retrouver une utilité forte dans un modèle économique tourné vers la durabilité.

Il faut aussi repenser l'innovation. Plutôt que de chercher systématiquement à créer des produits entièrement nouveaux, il serait plus utile de privilégier les améliorations progressives des objets existants. Ces innovations dites *« incrémentales »* permettent de maintenir l'usage d'un produit tout en le rendant plus performant, sans pour autant rendre l'ancien totalement inutile ou obsolète du jour au lendemain.

La recherche et le financement doivent également être redirigés vers des technologies bénéfiques pour l'environnement. Jusqu'ici, beaucoup d'efforts ont été faits pour augmenter la productivité, mais trop peu pour limiter les effets négatifs sur la nature. Il est temps d'investir autrement, pour que nos avancées technologiques servent aussi la planète.

Un autre levier important concerne la publicité. Comme on a pu limiter celle liée au tabac pour des raisons de santé publique, on pourrait encadrer plus strictement la publicité incitant à consommer des biens nuisibles à l'environnement. Il ne s'agit pas forcément d'interdire, mais de réguler en fonction de la nature des produits. Certains sont utiles à la santé ou à la planète, d'autres non. Il faut faire la différence. C'est d'ailleurs ce que propose Jacques Attali en distinguant l'économie de la vie de l'économie de la mort : tout ne se vaut pas.

Enfin, il faut bien comprendre que si nous consommons chacun un peu moins, la consommation globale continuera probablement à augmenter du fait du nombre croissant d'êtres humains. La vraie solution n'est donc pas seulement de réduire, mais de transformer ce que l'on produit et consomme. Cela veut dire privilégier des produits respectueux de l'environnement, comme les aliments issus d'une agriculture raisonnée, les véhicules propres ou encore les énergies renouvelables.

Tout cela suppose une vraie réconciliation entre l'économie et l'écologie. Ces deux domaines ont la même origine étymologique, le mot grec *« oikos »* qui signifie *« maison »*. L'économie concerne la gestion de cette maison, et l'écologie sa compréhension. On ne peut pas bien gérer ce qu'on ne comprend pas, et comprendre sans agir ne sert pas à grand-chose. Il est donc temps de faire fonctionner ces deux disciplines ensemble, dans une logique plus cohérente avec les enjeux de notre temps.

Mieux produire, mieux consommer : ces gestes ne sont pas seulement techniques. Ils sont politiques, éthiques, existentiels. Et c'est là que la transition devient plus qu'un ajustement : une opportunité d'humanisme.

La transition comme opportunité d'un nouvel humanisme

À l'heure où les sociétés humaines traversent de profonds bouleversements environnementaux, économiques et sociaux, il est devenu évident que la transition n'est pas uniquement une nécessité technique ou une exigence écologique, mais une formidable opportunité de réinvention collective. Face à l'épuisement de nos anciens modèles de développement, un nouvel horizon se dessine, à condition de dépasser les seuls ajustements superficiels pour interroger plus radicalement nos modes de vie, nos organisations et, au fond, notre manière d'habiter le monde.

Ce que propose la transition, si on la prend au sérieux, c'est de redonner sens à l'action humaine, en reconnectant la production de biens et de services aux finalités humaines et écologiques. En cela, elle n'est pas seulement un projet d'optimisation ou d'efficacité, mais une dynamique de ré-humanisation du travail, de la consommation, et de la décision politique. Il s'agit moins de renoncer que de choisir autrement. Moins de restreindre que de réorienter. Moins de sacrifier que de réconcilier. Réconcilier les aspirations individuelles et les responsabilités collectives, la technique et la sagesse, le marché et les limites planétaires.

L'entreprise, en tant qu'espace de coopération et d'innovation, est à la croisée de ces tensions. Elle peut choisir de résister, de nier, de s'agripper aux certitudes d'hier ; ou bien elle peut faire le pari d'une transformation sincère, lucide, volontaire, au service du bien commun. Cela suppose un changement de regard : considérer les contraintes environnementales non comme des freins, mais comme des révélateurs de nos interdépendances, et les aspirations sociales non comme des obstacles, mais comme des sources d'engagement et d'alignement.

Ce chemin vers un nouvel humanisme n'est pas balisé. Il exige du courage, de l'imagination, de la constance. Mais il offre aussi un espoir : celui d'une économie à visage humain, où l'entreprise, loin d'être un simple rouage technique ou financier, redevient pleinement un acteur de société. Là réside, peut-être, la promesse de notre époque : faire de la transition non un fardeau, mais une chance. Non une injonction extérieure, mais une conquête intérieure. Non une peur, mais un projet.

Pour autant, cet humanisme ne se décrète pas. Il se construit, pas à pas, dans l'expérience, dans le doute, dans la confrontation au réel. Et parfois, dans la solitude de celui qui persiste à croire qu'un autre chemin est possible.

L'expérience du pouvoir, le pouvoir de l'expérience

Ce livre est né d'un choc. Celui de vouloir bien faire, et de se heurter à la violence du soupçon.

Pas d'un simple malaise passager, mais d'un conflit réel, vécu, profond : celui de vouloir initier un changement sincère dans une organisation, et de rencontrer, en retour, la défiance, la suspicion, puis l'exclusion. Ce que je croyais être un engagement lucide, tourné vers le bien commun, fut interprété comme une menace pour un ordre établi. Non pas débattu, contesté, amendé : disqualifié.

J'ai appris alors à mes dépens que vouloir bouger les lignes n'est jamais un geste neutre. Que dans toute structure, même bien intentionnée, le changement porte toujours un risque : celui de déranger les équilibres, de révéler les inerties, d'exposer les dénis. Et quand ces équilibres deviennent défensifs, ils se protègent en vous isolant.

Ce que j'ai traversé n'est pas un cas particulier. C'est un condensé, à l'échelle d'une vie professionnelle, des tensions que traverse notre époque tout entière. Car la transition, cette grande invocation contemporaine, est aussi une zone de conflit. Un mot aux contours flous, capable d'accueillir aussi bien la sincérité que le cynisme, le progrès que le report, la transformation que le simulacre.

Vouloir changer, aujourd'hui, c'est souvent se heurter à des systèmes qui préfèrent la continuité déguisée en réforme à la remise en question réelle. C'est découvrir que les résistances sont rarement techniques, mais presque toujours psychologiques, politiques, symboliques. Et pourtant, malgré cela, ou peut-être à cause de cela, la transition reste nécessaire. Elle est la condition de notre survie, collective et individuelle.

Mais pour qu'elle advienne autrement que dans les discours, encore faut-il qu'elle repose sur une exigence fondamentale : le dialogue.

Pas le dialogue factice des tables rondes ou des éléments de langage. Le vrai. Celui que Socrate pratiquait dans l'agora : le questionnement honnête, le doute actif, la mise en commun des contradictions. Socrate ne cherchait pas à avoir raison, mais à faire accoucher les esprits. Il ne cherchait pas à convaincre, mais à comprendre. En cela, il était profondément subversif, car rien ne menace plus les ordres établis qu'un homme qui ne se contente pas des réponses toutes faites.

Aujourd'hui, ce dont nous manquons, ce ne sont pas des plans de transformation. Ce sont des espaces de pensée non défensive. Des lieux où l'on peut dire : je ne sais pas. Où l'on peut interroger sans provoquer la clôture, proposer sans être immédiatement rangé dans un camp. C'est à cette condition que la transition deviendra un processus vivant, et non un écran de fumée.

Écrire ce livre fut une manière de transformer une épreuve en compréhension, une mise à l'écart en prise de parole. J'y ai mis ce que j'ai vu, ce que j'ai vécu, ce que j'ai appris. J'ai découvert que le pouvoir ne réside pas seulement dans les institutions ou les fonctions, mais dans la capacité à nommer ce qui se joue, à tenir dans la nuance, à rester fidèle à ce que l'on sait juste.

Et si ce parcours peut résonner, éveiller, renforcer d'autres voix qui cherchent encore à dire sans imposer, à agir sans dominer, alors ce livre aura rempli son rôle. Il aura participé, modestement, à rouvrir une brèche. Une brèche dans laquelle d'autres, peut-être, viendront à leur tour déposer leur expérience, leur pensée, leur doute. C'est à cela que servent les livres, après tout : non pas à clore, mais à relancer. Ce que l'on garde, au bout du compte, ce ne sont pas les discours, mais les traversées. Ce que l'on transmet, ce ne sont pas des certitudes, mais des brèches. Et c'est dans ces brèches que peut naître, peut-être, un nouvel équilibre.

Ce qu'il faut garder en tête

Il arrive un moment où l'on ne croit plus aux mots, où les chiffres ne suffisent plus, où les discours s'effondrent. Reste alors l'expérience. Ce que l'on a vu, ce que l'on a tenté, ce que l'on a appris. La transition, dans sa forme la plus nue, n'est pas un plan stratégique : c'est une traversée. Elle commence souvent par une mise à l'écart, une incompréhension, un soupçon. Mais elle peut devenir, si l'on y tient, un chemin de vérité. Non pas une vérité absolue, mais une fidélité à ce que l'on sait juste. Ce livre, au fond, est né de cette fidélité. Il ne prétend pas détenir la solution, mais il cherche à nommer les tensions, à éclairer les zones d'ombre, à rouvrir des brèches. Car c'est là, dans ces brèches, que peut naître un nouvel humanisme, non pas naïf, mais lucide. Non pas parfait, mais possible.

Carnet de pistes

Pour prolonger la réflexion... et passer à l'action

Pour les dirigeants et managers

- Clarifiez vos intentions : pourquoi ce changement ? Pour qui ? Avec quelles limites ?
- Distinguez communication et transformation : ne promettez pas ce que vous ne pouvez pas tenir.
- Acceptez l'aléa : une transition n'est pas un plan, c'est un chemin.
- Créez des espaces de dialogue non défensifs : où l'on peut douter, contester, proposer.
- Faites le bilan de vos propres résistances : qu'est-ce qui vous freine, vous, dans le changement ?

Pour les salariés et collaborateurs

- Interrogez vos attentes : que cherchez-vous dans le travail ? Du sens ? Du confort ? De la reconnaissance ?
- Faites le tri entre ce qui dépend de vous et ce qui ne dépend pas de vous.
- Exprimez vos doutes sans cynisme : la critique est utile si elle ouvre une voie.
- Valorisez les petits gestes cohérents : ils comptent, même s'ils ne changent pas tout.
- Nourrissez votre conscience professionnelle : pas pour être parfait, mais pour rester aligné.

Pour les territoires et collectivités

- Redonnez du sens à l'ancrage : d'où venons-nous ? Que voulons-nous préserver ?
- Favorisez les coopérations entre acteurs économiques, sociaux et culturels.
- Expérimentez des formes de gouvernance partagée, mais exigeantes.
- Réconciliez écologie et économie par des projets concrets, visibles, mesurables.
- Pensez l'échelle pertinente : locale quand c'est possible, globale quand c'est nécessaire.

Pour chacun, en tant que citoyen

- Faites l'inventaire de vos contradictions sans vous juger.
- Choisissez vos combats : on ne peut pas tout faire, mais on peut faire quelque chose.
- Cultivez la nuance dans vos conversations : elle est plus subversive qu'il n'y paraît.
- Lisez, écoutez, confrontez vos idées à d'autres.
- Et surtout : ne vous résignez pas. La lucidité n'est pas l'ennemie de l'espérance.

Quelques questions pour soi

- Faites l'inventaire de vos contradictions sans vous juger.
- Quel mot avez-vous trop prononcé sans l'avoir vraiment interrogé ?
- Qu'avez-vous tenté de changer, et qu'est-ce qui vous a changé en retour ?

- Quelle vérité vous a coûté le plus cher à dire ?
- Quel lieu vous a appris quelque chose sur vous-même ?
- Quel silence vous a paru plus éloquent qu'un discours ?
- Quelle résistance vous a semblé juste ? La vôtre, ou celle d'un autre ?
- Quel geste, minuscule, a eu un effet disproportionné ?
- Qu'avez-vous perdu en avançant ? Et qu'avez-vous gagné en renonçant ?
- Quel mot vous fait encore peur ?
- Et si vous deviez écrire un mot sur votre porte demain matin, lequel choisiriez-vous ?

Quelques invitations à expérimenter

- Écrivez une lettre que vous n'enverrez jamais.
- Faites quelque chose lentement, très lentement, juste pour voir ce que cela change.
- Demandez à quelqu'un ce qu'il comprend du mot « transition ». Écoutez sans corriger.
- Relisez un texte que vous aimiez il y a dix ans. Qu'y voyez-vous aujourd'hui ?
- Faites une chose que vous avez toujours jugée inutile. Et observez.

TABLE

Structures éditoriales du groupe L'Harmattan

L'Harmattan Italie
Via degli Artisti, 15
10124 Torino
harmattan.italia@gmail.com

L'Harmattan Hongrie
Kossuth l. u. 14-16.
1053 Budapest
harmattan@harmattan.hu

L'Harmattan Sénégal
10 VDN SICAP AMITIE 3
BP 45034 Dakar-Fann
direction@senharmattan.com

L'Harmattan Cameroun
Tsinga/Derrière polyclinique FECAFOOT
BP 11486 Yaoundé
Jacques.koukam@harmattan.fr

L'Harmattan Burkina Faso
Villa 281, secteur 23 623, rue 14.32
Ouagadougou
zagbie@outlook.fr

L'Harmattan Guinée
Almamya, rue KA 028 OKB Agency
BP 3470 Conakry
harmattanguinee@yahoo.fr

L'Harmattan RDC
185, avenue Nyangwe
Commune de Lingwala – Kinshasa
matangilamusadila@yahoo.fr

L'Harmattan Congo
219, avenue Nelson Mandela
BP 2874 Brazzaville
deunovmikhael@gmail.com

L'Harmattan Mali
Immeuble Mgr Jean Marie Cissé
Aci Hamadallaye
BP 145 Bamako
syllaka@yahoo.fr

L'Harmattan Togo
Djidjole – Maison Amela
face EPP BATOME
02 BP 20680 Lomé
didieramela11@gmail.com

L'Harmattan Côte d'Ivoire
Résidence Karl – Cité des Arts
Abidjan-Cocody
03 BP 1588 Abidjan
harmattan.ivoire@gmail.com

L'Harmattan Bénin
Rue 604, (Immeuble à l'entrée
de la rue UCAO- Cite de Saint-Jean)
Cotonou
stepcorpus@gmail.com

Nos librairies en France

Librairie internationale
16, rue des Écoles
75005 Paris
librairie.internationale@harmattan.fr
01 40 46 79 11
www.librairieharmattan.com

Librairie des savoirs
21, rue des Écoles
75005 Paris
librairie.sh@harmattan.fr
01 46 34 13 71
www.librairieharmattansh.com

www.ingramcontent.com/pod-product-compliance
Lightning Source LLC
LaVergne TN
LVHW021215061026
849535LV00008B/2748
* 9 7 8 2 3 3 6 5 7 2 5 7 4 *